論語のこころ

加地伸行

講談社学術文庫

はじめに

もし一冊の本を持ってゆくならば――こういうアンケートを求められたことがあった。もっとも、それがどういう場合であるのか、ということは問題である。病院での待ち時間のための本、一泊旅行のときの本、通勤電車内で読む本……それぞれ違うことであろう。しかし、共通しているものがある。それは、読み疲れしないような、あるいはどこで中断してもさしつかえないような、いわばその中身が軽いことだ。カントの『純粋理性批判』だの、ヘーゲルの『精神現象学』だのという中身の重い本は、まず絶対に持ってゆかない。

けれども、もし戦地に赴《おもむ》くとすれば、あるいは絶海の孤島で生活するとすれば、といったような、極限状況の場合ならば、どういう本を持ってゆくことになるであろうか。

残念ながら、姓名は失念してしまったが、過ぐる七十年前の大戦の折、学徒出陣し、戦没したある大学生が文庫本『万葉集』を持っていったと書き記していたのを覚えている。

読むことが許されるのがたった一冊だけとすれば、選ぶのに悩むこととなるだろう。もっとも、信仰を有する者は悩むまい。たとえばキリスト教徒ならば『新約聖書』とすぐ答えを出すことであろう。

私の場合ならば、必ず『論語』を選ぶ。大学で中国哲学史を専攻して以来六十年、今日に至るまで、なんらかの形でずっと関わってきたのは『論語』であった。そして、読み返すごとに、儒教の原像が違った形で見えることに驚きを禁じえないのである。

いわゆる世間では、『論語』と言えば、道徳の権化《ごんげ》のように思われている。しかも日本人の道徳観、あるいは道徳感から言えば、『論語』が説く道徳とは、人に対して従順でひたすら耐えるようなもの、人間を抑圧するものといった捉《とら》えかたが大半であろう。

それは大いなる誤解である。『論語』は、人間をありのままに見透《みとお》し、そうした人間にとっての幸福とは何かという視点に基づいて道徳を論じ、そうありたいことを主張している。その内容は、けっして難しいものではないし、実行できるものばかりである。

ところが、そういう基本的道徳（たとえば、親を大切にする、夫婦は仲よくする、友人にはまごころを尽くすなど）を現代人は軽視する。いや、馬鹿にさえしている。とりわけ高学歴の者にそういうことが多い。彼らが説く道徳とは、世界平和についてであり、社会福祉についてであり、人権についてであり、環境についてであり……とどまるところを知らない〈抽象的・観念的〉道徳である。

しかし、身近な人間（両親・配偶者・友人など）に対して愛しきることができない者が、どうして人権や福祉や環境などについて配慮することができるのであろうか。ましてそういう人が平和を語るなど、空理空論でしかない。

もし戦地に赴くとき、もし絶海の孤島に独《ひと》り住まざるをえないとき――この比喩を現実に投射するならば、たとえば、老人の独り暮らしがそれに当たるだろう。その日々の孤独に耐えて生きるとき、何を心の糧《かて》とするのであろうか。新聞や雑誌は刺激が強いだけであって心安らかには、なれない。旅行やスポーツも体力的に限界がある。とすれば、最後に残る〈心の平安〉は本となることであろう。

しかし、本は無限と言っていいほど大量にある。そこからたった一冊を選んで〈心の糧〉とする。これは難問である。しかし、私にとっては難問でない。躊躇《ちゅうちょ》することなく、『論語』を選ぶからである。私は本好きの読者諸氏に、たった一冊の本として『論語』をお勧めいたしたい。それは心からの思いである。

本書は、第一章から第十一章まで、各章ごとに解説を置き、そのあとにそれぞれに関わる文を『論語』から選んで並べている。これらは、私なりに体系化して順序を立てているので、最初から読み始められるのがよろしかろうと思う。もっとも、心に深い悩みをお持ちの方は、第十一章の「愛と死と孝と」をまず読まれたい。そこには、儒教の本質が述べられており、また日本人の心に最も触れる問題について述べているからである。あるいは、はじめに最終章「孔子の生涯とその時代と」を読まれて、孔子のおよそのことを理解されてから本文へという行きかたもよろしいかと思う。

さて、『論語』この二文字の読みかたは、と問うと、すぐさま「ロンゴ」と答えが返ってくることであろう。しかし平安前期あたりから明治初期ごろまで、正式には「リンギョ」と読んでいたのである。なぜか。

「論」字には、二つの意味がある。①は「討論・議論・論文・論述」といった「とやかく言う、解き明かす、意見を述べる」感じのときは「ロン」と読む。②は「筋道」の感じ。また「倫《りん》」と同じで「人間のあるべき道、常《つね》」という感じのときは「リン」と読む。

現代中国語では「論」は「ルン」と読むが、①のときは尻下がり、②のときは尻上がりに抑揚をつけて発音し区別する。

そこで、『論語』の「論」を日本では「リン」、中国では尻上がりで「ルン」と読んできた。②のそれは「倫」の中国語の発音・抑揚と同じである。今も中国人はそう読む。

一方、平安の昔、同一漢字に漢音と呉音との二種（例えば「経」を漢音では「ケイ」、呉音では「キョウ」）があって混乱していた。そこで菅原道真《すがわらのみちざね》が仏教書の場合は呉音で、漢籍のときは漢音で読むことを唱え、その方向となった（後にまた混乱する）。「論」字には漢音・呉音の相違がなかったが、「語」字の場合、呉音は「ゴ」、漢音は「ギョ」である。すると『論語』は漢籍であるので、「語」は「ギョ」と読むこととなる。

そこで『論語』は正統的には「リンギョ」と読み、そう読み継がれてきた。しかし明治中期以降、そうした事実はすっかり忘れ去られてしまって今日に至っている。

目次

第二章　『論語』を読む楽しさ……47

第三章　自分の幸せだけでいいのか

第四章　他者の幸せを求めて……………………83

一四　色《いろ》厲《はげ》しくして、内《うち》荏《やわ》らか。諸《これ》を小人《しょうじん》に譬《たと》うれば、其《そ》れ猶《なお》穿窬《せんゆ》の盗《とう》のごときか　137

一五　君子《くんし》は道《みち》を謀《はか》りて、食《しょく》を謀らず。耕《たがや》せど、餒《たい》其《そ》の中《なか》に在《あ》るあり　138

一六　子貢《しこう》君子《くんし》を問《と》う。子《し》曰《いわ》く、先《ま》ず行《おこ》なう。其《そ》の言《げん》や而《しか》る後《のち》に之《これ》に従《したが》う　139

一七　君子《くんし》は器《うつわ》ならず　140

一八　君子《くんし》にして不仁《ふじん》なる者《もの》、有《あ》らんか。未《いま》だ小人《しょうじん》にして仁《じん》なる者有らざるなり　141

一九　君子《くんし》は小知《しょうち》す可《べ》からず。而《しか》して大受《たいじゅ》す可し。小人《しょうじん》は大受す可からず。而して小知す可し　142

二〇　唯女子《ただじょし》と小人《しょうじん》とは養《やしな》い難《がた》しと為《な》す。之《これ》を近《ちか》づくれば、則《すなわ》ち不孫《ふそん》なり　142

二一　君子《くんし》重《おも》からざれば、則《すなわ》ち威《い》あらず。学《まな》びても則ち固《こ》ならず

143

六 車《くるま》に升《のぼ》るには、必《かなら》ず正《ただ》しく立《た》ちて綏《すい》を執《と》る。車中《しゃちゅう》には、内《うち》から顧《かえり》みず 210

七 斉《さい》すれば必《かなら》ず食《し》を変《か》え、居《きょ》は必ず坐《ざ》を遷《うつ》す。食《し》は精《せい》を厭《きわ》めず、膾《かい》は細《さい》を厭めず 211

八 疏食《そし》を飯《く》らい、水《みず》を飲《の》み、肱《ひじ》を曲《ま》げて之《これ》を枕《まくら》とす 213

九 賢《けん》なるかな回《かい》や、一簞《いったん》の食《し》、一瓢《いっぴょう》の飲《いん》、陋巷《ろうこう》に在《あ》り。人《ひと》は其《そ》の憂《うれ》いに堪《た》えず 214

一〇 憤《ふん》せずんば啓《ひら》かず。悱《ひ》せざれば発《おこ》さず。一隅《いちぐう》を挙《あ》げて、三隅《さんぐう》を以《もっ》て反《はん》せずんば、則《すなわ》ち復《ふたた》びせず 215

一一 之《これ》を如何《いかん》せん、之を如何せんと曰《い》わざる者《もの》には、吾《われ》之を如何ともする末《な》きのみ 217

一二 子《し》 子貢《しこう》に謂《い》いて曰《いわ》く、女《なんじ》と回《かい》と孰《いず》れか愈《まさ》れる 218

一三 由《ゆう》よ、女《なんじ》に之《これ》を知《し》るを誨《おし》えんか。之を知るは之を知ると為《な》し、知らざるは知らずと為す、是《こ》れ知るなり 219

一四 之《これ》を知《し》る者《もの》は、之を好《この》む者に如《し》かず。之を好む者は、之を楽《たの》し

凡　例

一、本書に収録した原文・書き下し文・現代語訳は、拙著『論語 全訳注 増補版』（講談社学術文庫、平成二十一年）に拠《よ》る。同書は『論語』全五百弱を収めているが、本書が採用したのはその内の百二十五にすぎない。

一、原文の漢字は、常用字体に改めた。

一、書き下し文の漢字には、現代かな遣いで振りがなを追加した。

一、原文のあとの括弧内には、篇名とその作品番号（前掲『論語　全訳注』）を付した。たとえば、（学而篇一―二）とは、「『論語 全訳注』における学而篇第一の二」であることを示す。

一、【参考】という形で、毎文において関係する話を付け加えた。時に専門的なことにも触れている。

『論語』の構成（篇名の順序）

学而《がくじ》 第一　為政《いせい》 第二　八佾《はちいつ》 第三　里仁《りじん》 第四　公冶長《こうやちょう》 第五
雍也《ようや》 第六　述而《じゅつじ》 第七　泰伯《たいはく》 第八　子罕《しかん》 第九　郷党《きょうとう》 第十
先進《せんしん》 第十一　顔淵《がんえん》 第十二　子路《しろ》 第十三　憲問《けんもん》 第十四　衛霊公《えいれいこう》 第十五
季氏《きし》 第十六　陽貨《ようか》 第十七　微子《びし》 第十八　子張《しちょう》 第十九　堯曰《ぎょうえつ》 第二十

論語のこころ

第一章　『論語』の名句

ポイントだけが残った

本章では、まず短い文を選んだ。名句である。たとえば「過《あやま》ちて改めず、是《これ》を過《あやま》ちと謂《い》う」（三六ページ）――その通りである。

しかし、孔子とていつも名句ばかりを吐いていたわけではない。不遇の日々が続いていたころ、時には弱気になり、「桴《ふ》（いかだ）に乗って遠い海の果てへでも蒸発するか。お前、ついてくるか」と弟子に愚痴《ぐち》をこぼしたりしている（公冶長《こうやちょう》篇五―七）。

実は、『論語』のほとんどは、孔子と弟子たちとの間、あるいは弟子たちの間の話が語り継がれ、書き継がれたものである。すなわち、孔子や弟子たちは、現代の文筆家とは異なり、どちらかと言えば弁論家、講釈家であった。

となると、いろいろな人が話を聞きに集まってきたり、あるいは弟子入りする者が多いということは、おそらく、孔子は話が上手《じょうず》だった、あるいは話がおもしろかったものと思われる。それはそうである。仏頂面《ぶっちょうづら》で話がおもしろくなかったら、人が集まってくるわけがない。孔子より二百五十年ほど後に韓非子《かんぴし》という人物が登場する。法を重視する学派の代表者であるが、彼はことばが不自由な、いわゆる吃音者《きつおんしゃ》であった。そのつらさを克服するためであっただろうか、口での話でなくて文章で思いのたけを表している。その中身は活き活《いい》きとしていておもしろい。韓非子の師匠の荀子《じゅんし》あたりから執筆する文筆家が登場し、それまでの弁論家、講釈家とは表現が異なってくる。すなわち、話しことばから書きことばへと変化してきている。そのため、同じ古代の文献でも『荀子』の文章は難しい。

もっとも、孔子のころは話しことばによる表現が中心であったから、残った文献の形式は対話・語録・講義といった感じのものである。

ところが、残念ながら、その場の前後の話が時間とともに削《そ》ぎ落とされたものが多い。それもほとんど脱落し、そのときのポイントとなるところだけが残った。それが、たとえば本章において挙げた短い名句である。「過ちて改めず、是を過ちと謂う」がその例である。この名句の前後に、きっとなにか物語があったはずである。それがどのようなものであったかは、今のところ、分からない。歴史の深い淵の中に沈んでしまったままである。

しかし、そのことは逆に、その名句が生まれた文脈とは関係なく自由にその句だけを使えることとなり、名句の適用範囲が広くなるということになる。

誤用される名句・名言

たとえば、「先《ま》ず隗《かい》より始めよ」という名句がある。これは中国古代の戦国時代のことを記した『戦国策《せんごくさく》』燕策《えんさく》にあることば。同書にはこの句の前後の文は残っているが、ほとんどだれもそれを知らず、いわばこの句だけが独《ひと》り歩《ある》きしている。そのため「それを言いだした者から率先して実行せよ」という意味で広く使われている。

だが、元《もと》の意味はそうではなかった。燕《えん》国の君主が人材を得たいと思い、郭隗《かくかい》という人物に相談したところ、郭隗は、愚《おろ》かな私めを高い位に任用なされませ。それを見れば、あの程度の男を重用するのなら、わしが応募しようと勝れた人材が集まりますでしょうと答えた。そこで、そのようにすると、果たして人材を得ることができた。

すると、「先ず隗より始めよ」と言えば、「お前のような凡くらに、言いだしたことをさせよう」といったような変てこな意味になってしまうのであるが、今日《こんにち》、そうはならずに、ただ単に「それを言いだした者にまかせる」という形で通用している。原文の誤用であるが、もはや現代日本語の中では、それで通用している。

「君子は豹変《ひょうへん》す」（『易《えき》』革卦《かくか》）も「考えや態度ががらっと変わる。変節する」といった意味に使われているが、本来は「君子は過ちをぱっとはっきりと改める」という意味である。

『論語』の場合も、短い名句が生まれた前後の事情が分からないので、真の意味は何であったかということについて、後世のわれわれは誤解しているかもしれない。というのも、前後の事情が分かっているときでも誤用することが多いからである。

たとえば、「過《す》ぎたるは猶及《なおおよ》ばざるがごとし」（一七五ページ）。これは「オーバーなこと

〈過ぎたる〉はだめだ〈及ばず〉」という意味に使われることが多い。しかし、それは誤用である。これは「〈過ぎたる〉〈過剰〉は〈及ばず〉〈不足〉と同じであって、両方ともよろしくない〔だからバランスのとれた中庸がよい〕」という意味なのである。けれども、「及ばず」ということばが、不足という事実を指すのではなくて、劣っているという価値を示す意味と思う人が多いので誤用が通用している。

しかし、これでは困るので、やはりできるかぎり元の意味に沿いたいものである。「天は人の上に人を造らず人の下に人を造らず」(福沢諭吉『学問のすゝめ』)と言うとき、人間は平等であることを説いたことばとして引用されることが多い。しかし、原文を読むと、そういうことに終わるのではなくて、こう言っている。「にもかかわらず人間社会において、人にいろいろと差異が生まれてくるのは、学問がないからであるので、しっかり学問を身につけ、人の下にならないようにせよ、学問は大切」という〈学問のすゝめ〉である。

なんのことはない。学問・知識を功利的に身につけてそれを元手にしていい生活をしようというような、いわば、今日の偏差値信仰の走《はしり》みたいなものである。しかし、ほとんどの人は原文を読まないので、元の意味と離れ、人間平等宣言のことばとして独り歩きしている。『論語』の場合も注意が肝腎である。できるかぎり原文(書き下し文)を読み、前後の文脈を知ることとである。ただし、本章で選んだことばのように、それが生まれた事情を示すことばがない短い句、短い文の場合はやむをえない。その短いことばの広がりの中へ身を沈めて、静かに味わおう。それら名句は『論語』中に溢《あふ》れているが、ここではとりあえずいくつかを集めた。この他に、はるかに多くの名句がある。

とすると、前後の文脈や、そのことばが生まれた経緯《いきさつ》にこだわることなく、自由に読みとっていい。当然、読む側すなわち読者の人生観のままに読むことが許されよう。古来、『論語』一書を読み抜いた人による名訳が生まれてきたのはそのためである。たとえば、「利に放《よ》りて行なえば、怨《うら》み多し」（三五ページ）を五十沢二郎《いざわじろう》氏は「利の為《ため》にする行は感謝されない」と思いきった訳をしている。このような読み方もまた真実である。

五十沢二郎著『支那古典叢函《そうかん》・論語』（支那古典叢函刊行会、昭和八年。同書に基づいて、昭和六十一年に講談社学術文庫『中国聖賢のことば』として刊行）は、長い時間をかけて『論語』を十分に読みこなし、こなれた意訳をしており、抜群の名訳である。五十沢氏は自分のことばで表現しており、『論語』の誠実な読み方として一つの典型を示している。以下、『論語』引用文に対して適宜、＊印を付けて、同氏の訳文を紹介することにする。

❖　❖　❖

一　子《し》曰《いわ》く、辞《じ》は達《たつ》するのみ。

子曰、辞達而已矣。

（衛霊公《えいれいこう》篇一五―四一）

【現代語訳】

老先生（孔子）の教え。文章を書くなら、達意であれ。

【参考】

この文は、『論語』中、最も重要なものの一つである。中国の文章を構成する漢字の字源の中心は、象形《しようけい》の文字である。すなわち、絵のように物に象《かたど》って描き出したものである。そのため、そのような漢字自体に、ある一定の概念が充塡《じゆうてん》されている。つまり、ある概念を充実してそれを表現したものが漢字である。後世、発音中心に作られた形声《けいせい》文字（たとえば「江」「河」の場合、「江」の音は「工」、「河」の音は「可」）と言われるものも、象形文字を基本単位に生かしている。

だから、中国の文章は、充実した概念を有した漢字を並べる以上、他の助字類（也、則、又など）は、付属的とならざるをえない。すなわち、概念語を直截《ちよくせつ》的に伝えるのが、中国の文章の本質であり特色なのである。そのような本質や特色を備えた文体の代表こそ、中国の詩である。中国の詩は、概念語を緊密に並べたものであって、助字類は従属的である。

たとえば次の詩の場合、上部に原文、下部にその書き下し文を並べて比べると、概念語を並べることが中心であることが分かる。これは唐代の大詩人である李《り》白《はく》の「金陵の鳳凰《ほうおう》台に登る」と題する詩である。

鳳凰台上鳳凰遊　　鳳凰《ほうおう》台上　鳳凰遊ぶ
鳳去台空江自流　　鳳去り台空《むな》しうして　江《かわ》自《おの》ずから流る
呉宮花草埋幽径　　呉宮《ごきゅう》の花草　埋《うず》む幽径《ゆうけい》を
晋代衣冠成古丘　　晋代の衣冠　成す古丘を
三山半落青天外　　三山《さんざん》半《なか》ば落《お》つ　青天《せいてん》の外《ほか》
二水中分白鷺洲　　二水中分《にすいちゅうぶん》す（川を二分する）　白鷺洲《はくろしゅう》
……

こうした詩の感じは、「てにをは」抜きで、ただ概念語を並べるだけで、あるイメージを造り出す。たとえば、日本の歌謡曲「よこはま・たそがれ」の歌詞「よこはま　たそがれ　ホテルの小部屋……」のような感じである。

そのような、概念語が中心の中国の文章の特質から言えば、余分なことを言わず、ずばりと直截的に必要な内容を伝えることを最も重視したこの『論語』の文は、中国の文章の本質を最もよく把《と》えたものであると言えよう。

二　子《し》曰《いわ》く、巧言令色《こうげんれいしょく》（言《げん》を巧《たく》みにし色《いろ》を令《よ》くするは）、鮮《すく》なし仁《じん》。

子曰、巧言令色、鮮矣仁。
（学而《がくじ》篇一―三）

【現代語訳】

老先生の教え。〔他人に対して人当たりよく〕ことばを巧みに飾りたてたり、外見を善人らしく装うのは〔実は自分のためというのが本心であり〕、〈仁〉すなわち他者を愛する気持ちは少ない。

【参考】

巧言・令色の人は仁が少なく、ともに良い意味でないように見える。しかし、逆に言えば、それらは人間の好むものである。他人からお上手を言ってもらい、褒《ほ》めてもらって喜ばない人間はいない。また、愛想のよい相手を喜ばない人間はいない。その意味では、良い意味である。しかし、孔子はそれを良いものとしなかった。その理由は内実（中身・実質）がないからである、と考える。『論語』中、孔子は何度も、また、いろいろな方面にわたって、内実のあることを求めている。この文は、ことばや、顔つきにおいても、それを求めた場合である。

「巧言」は話し上手、「令色」は美しい顔立ち、と解することもできる。話し上手や美男美女は、人間の喜ぶものである。その理由は、たいていの人は話し下手であり、美男美女でないからである。人間は、自分にないものを求める。

とすると、職業的に言って、巧言・令色を備えているのは、芸能人である。巧言・令色とは、芸能的世界である。それは、いわゆる虚構の世界であって、実際の世界ではない。もちろん、それは、現実世界に対して虚構の世界というだけのことであって、その虚構の舞台を借りて、人の世の真実を写し出すことは言うまでもない。しかし、その演者自身の虚構と、演者のもたらす真実とは区別しなければならない。

このことばの生まれた背景は分からない。しかし、もしモデルを求めるとすれば、孔子が祖国の魯《ろ》国政界で失脚後、五十代になって滞在した衛《えい》国の二人の人物ではなかったかと考える。すなわち、祝鮀《しゅくだ》と宋朝《そうちょう》（宋国の公子の朝《ちょう》）とである。祝鮀はすぐれた弁才があり、宋朝はたいへんな美男子であり、二人とも衛国で人気ある人物であった。

＊五十沢二郎訳「外面を飾る者ほど内心は零なものである」。五十沢氏の訳については、三一ページに説明している。

三　子《し》曰《いわ》く、利《り》に放《よ》りて行《おこ》なえば、怨《うら》み多《おお》し。

子曰、放二於利一而行、多レ怨。
（里仁《りじん》篇四―一二）

【現代語訳】
老先生の教え。利害打算だけで行動すると、他者から怨まれることが多くなる。

【参考】人をうらむときは「怨」、自分自身をうらむのは「恨」、併せて「怨恨《えんこん》」と言うときはうらみ一般。

＊五十沢二郎訳「利の為《ため》にする行は感謝されない」。

四　子《し》曰《いわ》く、過《あやま》ちて改《あらた》めず、是《これ》を過《あやま》ちと謂《い》う。　子曰、過而不レ改、是謂レ過矣。

（衛霊公篇一五―三〇）

【現代語訳】

老先生の教え。過ちを犯したのに改めない。これが真の過ちである。

【参考】

「過」は無意識から、あるいは、考えが不足していたことから起こるような失敗で、だれにでもあるもの。「過《あやま》ちては則《すなわ》ち改むるに憚《はばか》ること勿《なか》れ」（『論語』学而篇〈一四三ページ〉）・子《し》罕《かん》篇九―二五）も同じ。

＊五十沢二郎訳「罪を悔いない事、それを罪というのである」。

五　子《し》曰《いわ》く、道《みち》同《おな》じからざれば、相為《あいため》に謀《はか》ら　子曰、道不レ同、不ニ相為謀一。

ず。　（衛霊公篇一五―四〇）

【現代語訳】老先生の教え。進む道が同じでないならば、たがいに心を割って話し合うことはしない。

【参考】人間を重んじる孔子（儒教派）と自然を重んじる老子《ろうし》（老荘《ろうそう》派）とは、すべてが相対立している。それが最も分かりやすい両者の〈立場の相違〉であろう。

六　子《し》曰《いわ》く、其《そ》の位《くらい》に在《あ》らざれば、其の政《まつりごと》を謀《はか》らず。　子曰、不レ在二其位一、不レ謀二其政一。（泰伯《たいはく》篇八―一四）

【現代語訳】老先生の教え。その地位にいるのでなければ、〔差し出がましく〕全体運営について口を挟《さしはさ》まない。

【参考】幕末に盛岡藩儒を務めた照井《てるい》全都《たかくに》は、この文の「其」はそれぞれ指すものが違うとする。すなわち「その〈政の位〉に在らざれば、その〈位の政〉を謀らず」と解している。文の読みこみとして明晰である。

七 子曰《しいわ》く、吾未《われいま》だ徳《とく》を好《この》むこと色《いろ》を好むが如《ごと》き者《もの》を見《み》ざるなり。

子曰、吾未レ見ニ好レ徳如レ好レ色者一也。　（子罕篇九―一八）

【現代語訳】

老先生の教え。美人（色）よりも、教養人（有徳者・人格者）に近づこうという気持ちが強い人物に、私は出会ったことがない。

【参考】

孔子は、はたして女性についてどのように語ったものかどうか、それを現在の『論語』から推測するのは困難である。なぜなら、『論語』には女性に関する話がほとんどないが、この「ない」ということは、必ずしも女性について語らなかったという証拠にはならない。というのは、『論語』の編輯《へんしゅう》過程で、女性について語った材料が棄てられた可能性がないとは言えないからである。

孔子の女性論として最も有名なものは、「女子と小人《しょうじん》とは養い難しと為す」（一四二ページ）である。「養い難し」は「扱いが難しい」ということで、この女性論は、なかなか本質を突いたことばであり、孔子は、おそらく洞察十分であっただろう。

富貴を人間が好むものと、はっきりと本音《ほんね》を示した孔子のことである。同じく、人間は異性を好むという本音もまた認めていたことであろう。

八　子《し》曰《いわ》く、徳《とく》孤《こ》ならず、必《かなら》ず鄰《となりあ》有り。

子曰、徳不ㇾ孤、必有ㇾ鄰。

（里仁篇四―二五）

【現代語訳】

老先生の教え。人格のすぐれている人（徳）は、けっして独りではない。必ず〔その人を慕ってそのまわりに〕人が集まってくる。

【参考】

清朝の劉宝楠《りゅうほうなん》の精密な注解書『論語正義』は、漢代の『塩鉄論』論誹《ろんひ》篇、『説苑《ぜいえん》』復恩《ふくおん》篇などを引き、漢代では、善行を積むと、その結果、善いことがあるという意味に解釈していたとする。

九　子《し》曰《いわ》く、仁《じん》に当《あ》たりては、師《し》にも譲《ゆず》らず。

子曰、当ㇾ仁、不ㇾ譲㆓於師㆒。

（衛霊公篇一五―三六）

【現代語訳】
老先生の教え。道徳（仁。人の道）の実践においては、〔それが正しい以上、〕たとい師に対してであっても一歩も譲らない。

【参考】
江戸時代の佐藤一斎《さとういっさい》に別解がある。「譲る」を「後《おく》れる」の意味とし、仁の実践では師以上の熱心さを持つという解釈である。この文は、ともすれば、〈自説が師の説と異なっても、正しいと思えば自説を曲げない〉という意味に誤解されやすい。

一〇　子《し》曰《いわ》く、人《ひと》能《よ》く道《みち》を弘《ひろ》む。道人を弘むに非《あら》ず。

子曰、人能弘レ道。非二道弘一レ人。

（衛霊公篇一五―二九）

【現代語訳】
老先生の教え。人間が〔努力して〕道徳を実質化してゆくのであって、道徳が〔どこかに鎮座していて、それが自然と〕人間を高めてゆくわけではない。

【参考】
伝統的な解釈では「才識の大きい者ならば道も大きく広がり、才識の小さい者ならば、道も小さくしか伝わらない」とする。

二　子曰《しいわ》く、教《おし》え有《あ》りて類無《るいな》し。

子曰、有レ教無レ類。

（衛霊公篇一五−三九）

【現代語訳】
老先生の教え。教育によって、人間の区別（類）がなくなるのだ。

【参考】
合山究《ごうやまきわむ》『論語解釈の疑問と解明』（明徳出版社、昭和五十五年）は「「有教」、教育することによって、「無類」、同じようなものでなくなってくる、人間に大きな差異ができてくる」（教育を施すことによって、それぞれの個性を伸ばし、独自の才能や人格を形成することができる）と解し、「教えがあってこそ、（教えがあれば）、似たものがなくなってくる」と訳している。

三　子曰《しいわ》く、学《がく》は及《およ》ばざるが如《ごと》くせよ。猶之《なおこれ》を失《うしな》わんことを恐《おそ》れよ。

子曰、学如レ不レ及。猶恐レ失レ之。

（泰伯篇八−一七）

【現代語訳】

老先生の教え。学問をするとき、自分はまだ十分でないという気持ちをいつも持て。しかも、得たものは失わないと心掛けよ。

【参考】

孔子は反省心の強い人物であった。孔子が多くの弟子を失わず、そしてつぎつぎと新しい弟子が門を叩いてきたのは、孔子自身完成者としてでなく、絶えず学んでいたこと、それが弟子に影響を与えたと考える。勉強しない師は、弟子に勉強せよと言う資格はない。孔子は、なんでも知っているという顔をしてお高く止まっている人物ではなかった。「下問《かもん》を恥《は》じず」（『論語』公冶長篇五―一五）ということを尊重し絶えず勉強していた。それは、学に対する誠実さであると同時に、常人を越えた強い反省心の現れである。孔子の本当の魅力はここにある。

三　子曰《しいわ》く、学《まな》びて思《おも》わざれば、則《すなわ》ち罔《くら》し。思いて学ばざれば、則ち殆《あや》うし。

子曰、学而不㆑思、則罔。思而不㆑学、則殆。（為政《いせい》篇二―一五）

【現代語訳】

老先生の教え。知識や情報を〔たくさん〕得ても思考しなければ〔まとまらず〕、どうして生かせばいいのか分からない。逆に、思考するばかりで知識や情報がなければ〔一方的になり〕、独善的になってしまう。

【参考】

『礼記《らいき》』学記篇に「〔単なる〕記問（物知り）の学〔だけの者は〕、もって人の師となすに足らず」とある。あれこれと知識は多くあっても、事実や資料に対する統合力がなく、その根底や本質は何であるかということを考えることのできない者は本物ではないということばである。

しかし、一方、青年時代の王陽明《おうようめい》（明代）は、朱子《しゅし》の言う「格物」（物に格《いた》る）を実践し、竹を取ってきて、それを睨《にら》んで考え続けたが、ついに得るところはなかったという有名なエピソードがある。

一四　子《し》曰《いわ》く、苗《なえ》にして秀《ひい》でざる者《もの》、有《あ》るかな。秀でても実《みの》らざる者、有るかな。

子曰、苗而不㆑秀者、有矣夫。秀而不㆑実者、有矣夫。

（子罕篇九―二二）

【現代語訳】

老先生の教え。苗《なえ》の中には、〔途中で枯れて〕花の咲かないものもある。花が咲いても

（秀）、実《み》をつけないで終わるものもあるぞ。

【参考】

このことばは譬《たと》えとされているが、孔子が最も期待していた、弟子の顔淵《がんえん》が若死にしたことについての譬えとする説が有力である。

一五　子《し》曰《いわ》く、知者《ちしや》は惑《まど》わず、仁者《じんしや》は憂《うれ》えず、勇《ゆう》者《しや》は懼《おそ》れず。

子曰、知者不レ惑、仁者不レ憂、
勇者不レ懼。　（子罕篇九―二九）

【現代語訳】

老先生の教え。賢人は迷わない。人格者は心静かである。勇者は恐れない。

【参考】

『論語』中、別に出てくる「君子の道に三あり。我は能《よ》くする無し。仁者は憂えず、知者は惑わず、勇者は懼《おそ》れず、と。子貢《しこう》曰く、夫子《ふうし》自《みずか》ら道《い》う、と」（憲問《けんもん》篇一四―二八）は、ふつう孔子が自分を謙遜《けんそん》したことばとされている。しかし、この場合、子貢に向かって言っていることから推して、三人の高弟についての評価と考える。すなわち、弟子において、知者は子貢、仁者は顔淵、勇者は子路《しろ》である。

一六　子《し》曰《いわ》く、故《ふる》きを温《あたた》めて新《あたら》しきを知《し》る。以《もつ》て師《し》為《た》る可《べ》し。

子曰、温レ故而知レ新。可ニ以為レ師矣。（為政篇二―一一）

【現代語訳】

老先生の教え。古人の書物に習熟して、そこから現代に応用できるものを知る。そういう人こそ人々の師となる資格がある。

【参考】

宋代の朱子は「温故」を「学んで時《つね》に旧聞を習いて……」と解釈している。これは学而篇冒頭の「学びて時《つね》に之《これ》を習う」を引いたものである。

このように、一つの書物内において、あるいは経書《けいしょ》（儒教の重要文献）全体内において、できるだけ相互に関連をつけ、整合性を見いだして解釈していこうとするのが、経学《けいがく》（中国古典学・儒教文献解釈学）的方法の一つである。

一七　子《し》の慎《つつし》む所《ところ》は、斎《さい》・戦《せん》・疾《しつ》なり。

子之所レ慎、斎戦疾。（述而《じゅつじ》篇七―一二）

【現代語訳】

老先生が粛然《しゅくぜん》とされるのは、祭祀・戦争・疾病〔つまり死〕のときであった。

【参考】

この文は短いながらも重要な文章である。「国の大事は、〔祭〕祀と戎《いくさ》とに在り」とは、『春秋左氏伝』成公十三年の有名なことばである。国家の重大事は現実的には行政であるが、その行政の根核は、古代国家では国家統合の精神的中心である祭祀である。

孔子は、「斎・戦・疾」の三者に対して特に気持ちを集中している。その斎《ものいみ》がどのような祭祀とつながっているのか、これだけの文章では判断が困難であるが、すくなくとも、鬼神・神明といった霊魂的なものとの交わりであることはまちがいあるまい。すると、この三者に共通するものは、個人における死との関わりというテーマではなかったであろうか。

第二章　『論語』を読む楽しさ

いろいろな解釈ができる『論語』

『論語』の内、前後の事情がよく分かっているものもある。廐舎《きゅうしゃ》（馬小屋）が火災に遭ったが、孔子は人の安否を問い、馬の安否は問わなかったという話がその一例（六二ページ）。

しかし、この話には別の解釈がある。それは、原文の句切りのしかたが異なることに由《よ》るものである。原文の後半を見られたい。次のようになっている。

曰、傷レ人乎。不レ問レ馬（曰《いわ》く、人を傷つけたるか、と。馬を問わざりき）

そこで、馬のことを問わなかったのは、人間のほうを大切にした、人間中心の思想だからだと解釈されてきた。

しかし、この文を次のように句切る説もある（陸徳明『経典釈文』論語音義）。

曰、傷レ人乎不。問レ馬。

この場合の「不」は「否」の意味で、まず、「曰く、人を傷つけしや不《いな》（否）や」とたずねたとし、続いて「馬〔の安否〕を問いき」と記したとする。これなら、まず人の安否をたずね、そのあと馬の安否を問うたことになり、常識的な感覚と言えよう。さきほどの解釈のように、馬のことはたずねなかったというほうが、やや普通人と異なる感じである。古来の解釈では、孔子は動物よりも人間のほうを大切にしてきた人物であるとするのであるが、果たして……。

なお、「不」を「否」の意味に使うのは珍しい用法ではない。たとえば、「安否」も「安《やす》きや否《いな》や」の意味であり、文として「安不」とあっても不自然ではない。「可否（〈可《か》なるや否《いな》や〉の形。以下も同じ）・賛否・正否・諾否・当否・適否」も同様である。

このように、前後の事情が分かっていても、解釈が分かれるところに『論語』を読むおもしろさがある。

たとえば、近ごろの親孝行ときたら、親をただ食わせているだけで、親への敬意というものがない。「犬馬《けんば》に至るも、皆能《みなよ》く養う有り」（二四六ページ）と孔子が述べている。この句を本書では「人間は犬や馬だって食わせているわな」と訳した。近ごろの子は親に対して犬や馬を飼うのと同じような扱いかたをするだけであって、敬意といった精神性がなく、ただ親を食わせているだけだという意味である。

ところが、この「犬馬に至るも、皆能く養う有り」に次のような別解釈がある。

①番犬は家を守り、耕馬は人のために働く。このように、犬や馬でさえ人間を養っている。子が親を養うのは当たりまえのこと。その上に親に対する敬意が加わってこそ人間である。

②犬や馬などのような動物の親子でさえ、相手を養うのは当たりまえである。人間なら、その上に敬意というものがなくてはなるまいに。

③父母が愛し飼っていた〔養っていたペットの〕犬や馬まで子がよく養ったからといってすむものではない。人間としては親への敬意が必要なのである。

どの解釈にも一理ある。どれが真相であるのか、今となっては分からない。それと言うのも、犬や馬が比喩《ひゆ》として使われているので、その比喩の受けとめかたによって解釈が変わるからである。古代人は、身近にある物を例として比喩を作ることが多いので、その真意をいろいろと想像できることは楽しい。

たとえば、「君子《くんし》は器《うつわ》ならず」（一四〇ページ）の「器」の場合。器物は定まった形であるので、丸い器だったら四角形の物は入れるのに適さない。このように、使い道が固定され、専門的であるのが器物である。そういう単なる器ではなくて、全体を大局的に見ることができ、固定的・専門的でない立場となるのが君子である、という意味に解釈するのが一般的である。

しかし、別の解釈もある。器は比喩として出されているので、そのまま受けとめ、器物は人間が使う道具であるとする。当たりまえのことである。すると、人間であることを忘れ、器物みたいなものになってしまうと、他人《ひと》に使われることに終わってしまう。そうではなくて、人間は器物を使うという主体的な生きかたをすべきだという解釈である。

このように、実は『論語』には別解が多いので、前後の事情が分かるときでも、注意深く読みこむのもおもしろい。

音読すると感じが変わる『論語』

さて、さきほどの「傷人乎不」の例であるが、最後の「不」は「否」の意味であるので、中国語の発音「不《プー》」という本来の発音のままに読まないで、「否」の中国語音すなわち「否《フォー》」という発音を使って、「不」をあえて「不《フォー》」と読む。ここでは「不」は「否」の意味であるとして、はっきりと区別して発音するわけである。

原則的には、中国人は現代中国語で音読し、日本人は古文調の日本語で訓読する。

日本人のほとんどは中国語を学習しないので、中国語に触れる機会が少ない。それはやむをえない。しかし、中国語の音調やリズムを知ると、また違った『論語』の世界が見える。

本書六三～六四ページに挙げた、「弟子《ていし》 入《い》りては則《すなわ》ち孝《こう》」の文章がその一例である。この文章は、孔子が青少年の在《あ》りかたについて述べたものである。それを句ごとに並べてみよう。句切りとしての読点《とうてん》を入れておく。

入則孝、　入《い》りては則《すなわ》ち孝《こう》、
出則悌、　出《い》でては則ち悌《てい》たれ。
謹而信、　謹《つつし》み(而)て信《しん》、
汎愛衆、　汎《ひろ》く衆《しゅう》を愛《あい》し
而親仁、　(而)て仁《じん》に親《ちか》づけ。

すべて三文字で一句となっている。中国人が古文（いわゆる漢文、文語文）を書くとき、四文字一句が多い。これは重味を与える感じがあるからである。ところが、三文字一句の文は、逆に軽味を与える。そのため、たとえば宋代のころにできたらしいが、『三字経《さんじけい》』と言って、児童用の教科書が作られよく読まれた。以下、最初のところを挙げておこう。

人之初、性本善。性相近、習相遠（人の初《はじ》め、性は本《もと》善なり。性 相《あい》近く、習《なら》い 相遠し）

「性」は人間共通の生まれついてのもの。「性相近也、習相遠也」（一一五ページ）は、「人間は先天的（性）には差はない。後天的（習い）に差が生まれてくるのだ」の意。

こういう三文字一句の文を音読すると、軽快なリズムを与えるので、暗記もしやすい。そこで、さきほど挙げた『論語』の三文字一句の文を音読してみよう。と言っても、読者の方々のほとんどは現代中国語を御存知ないと思うので、その発音を片かなで記すことにする。もっとも、外国語の発音を片かなでは表現できない。似た感じの発音を記すだけであって、正確ではないことを了解されたい。

入《ルー》則《ツア》孝《シアオ》
出《チュー》則《ツア》悌《ティ》
謹《ジン》而《ナル》信《シン》
汎《ファン》愛《ナイ》衆《ゾン》
而《アル》親《チン》仁《レン》

三文字で一つのまとまり、一句として、右の片かなの振りがなを声に出すとき、肩幅ぐらいに広げた両手を胸もとで上下に動かしながら読むと、子どもがリズムを取って読む感じとなる。手を上下に動かしてもう一度、片かなに沿って音読してみられたい。

こういったリズムは孔子のころの昔も今も変わらなかったであろう。発音は変わってしまったが。

おそらく、孔子が右の引用文を述べたとき、軽快に分かりやすいようにという気持ちで弟子たちに対してリズミカルに発音したことであろう。

このような音読もまた『論語』を読む楽しさの一つである。もっとも、今から現代中国語を学習するのは大変であるので、中国語のできる人に頼んで『論語』を中国語で読んでもらい、それを聞くということで十分であろう。

〈人為・絶対・規範〉と〈自然・相対・自由〉

さて、本章では、長文の例も挙げておいた。孔子と弟子の子路《しろ》ら一行と、長沮《ちようそ》・桀溺《けつでき》という老いた農夫との間で交《か》わされたことば（六五～六六ページ）である。内容的には、訳文の示すとおりである。

このような長文が、すこしではあるが『論語』にある。たとえば二一一ページの七の文章。長文になると前後の事情がよく分かるので、その分だけ孔子の気持ちがよく分かる。

この文章の場合、孔子が世に受け入れられなかったのは、国だけにとどまらず、民においてもそうであったことが分かる。それはそうであろう、一般の庶民は、己《おのれ》の幸せをつかむことだけで精一杯であるから、とても他人の幸せなど考えるひまはない。孔子が他者の幸せを考えて行動していることなど、庶民には理解されるものではなかった。

ところで、孔子を批判した二人の農夫（長沮と桀溺と）はどうやら自分たちを「世を辟《さ》（避）くるの士」としている。そこで、後世の解釈では、この二人の農夫のありかたを、老《ろう》荘《そう》思想的として、彼らを隠者《いんじゃ》とする。

これは、老荘思想が儒教思想と対立するところから、類型的に、図式的に、二人の農夫のありかたを老荘的と解釈したまでであって、この二人の農夫の立場を老荘思想的と断定するのは、いささか危《あや》うい。私はただの農夫であったと思っている。第一、老荘思想というその「荘」は『荘子《そうじ》』という書物ならびにその人物を指しているが、その登場は孔子から百年以上もあとの話ではないか。文献としての『老子《ろうし》』も同様である。それに、歴史的事実として、老子なる個人が実際にいたのかどうかは定かでない。

もちろん、いつの時代でも反対の考えを持つ人間はいる。儒教は〈人為・絶対・規範〉を柱とするが、その反対の〈自然・相対・自由〉を重んじる人間は、孔子のころにもいたであろう。そういう〈自然・相対・自由〉は老荘思想の看板となる。だから、孔子と同時代に生活していて、孔子を批判した前引の二人の農夫は、今から見れば、老荘思想〈的〉と言えば、そう言えるであろう。人間の思想、さらには人生観として、儒教的と老荘思想的とは永遠に対立する。

さて、本章では「朝《あした》に道を聞かば、夕べに死すとも可《か》なり」（六九ページ）という名句を置いた。

『論語』の中には、多くの句があるが、この名句は、私の好きなものの一つである。この句には〈覚悟〉がある。人は偶然に生まれ、偶然の中で生き、偶然に死を迎える。まさに〈たまゆらの〉短い人生である。〈浅き夢みし〉生涯である。

それだけに、人は、なにか確としたものを心に抱いて生きてゆきたいと思う、そして死に臨みたいと思う。多くの人間は迷いの人生を歩まざるをえないだけに、一層、確としたもの――道を求める。それが何であるかは、人それぞれが考えるほかはない。

『論語』と序文の意味と

『論語』に序というものはない。中国の書物で序という形のものが現れてくるのは、紀元前一世紀に登場した司馬遷《しばせん》の『史記《しき》』の「太史公自序《たいしこうじじょ》」あたりからと言われている。それも道理で、『史記』の場合は、司馬遷というはっきりした撰者がいたからである。しかし、『論語』の場合、その実質的な撰者は未詳であり、しかも複数とされている。また、『論語』の文章の大半は語録を集めたものであるから、いわゆる〈著述〉ではなく、一人の人間の手に成る序ができるわけがなかった。

しかし、書物は、一般にその形態から言って、最初と最後とが重要である。すなわち序文と後記とである。序文は、その書物の意図や狙《ねら》いが記され、後記はその制作の由来などが記されているからである。もちろん、序文は、その書物の本体が完成されてから、一番最後に書かれ、しかし冒頭に置かれるのがふつうである。まだ内容が決まっていない執筆のはじめから序文が書かれるわけではない。

もっとも、こういう序文形式は、書物の形態が整った後世のものであって、ことばを拾い集める『論語』編輯《へんしゅう》のころ、序のようなものがなかったことは言うまでもない。

けれども、一篇の書物において、冒頭の一節と最後の一節とには、特別の意味が託されているという意識はすでにあった。有名な中国古典の大半の場合、冒頭の一節、あるいは一段は、その書物を代表することばとなっている。

たとえば、『老子』「道の道とすべきは、常の道にあらず。名の名づくべきは、常の名にあらず……玄《げん》（不可思議）のまた玄、衆妙の門」。

たとえば、『荘子《そうじ》』「北冥《ほくめい》（北の海）に魚あり。その名を鯤《こん》となす。鯤の大いさ、その幾千里なるを知らず。〔その鯤が〕化して鳥となる。その名を鵬《ほう》となす。鵬の背〔の長さ〕、その幾千里なるを知らず……」。

たとえば、『孟子《もうじ》』「孟子《もうし》、梁《りょう》〔国〕の恵王に見《まみ》ゆ。王曰く、叟《そう》（御老体）、千里を遠しとせずして〔わが国に〕来《きた》る。またまさにもってわが国を利する〔話〕あらんとするか、と。孟子対《こた》えて曰く、王、なんぞ必ずしも利〔益論〕を曰《い》わん。また仁義〔の重要さを主張する〕あるのみ、と」。

『老子』の抽象的な哲学論、『荘子』の感性豊かな哲学詩、『孟子』のきまじめな道徳論――冒頭の文を読むだけでそれぞれの書物の性格がすでにはっきりと出ている。

そこで本章では、まずは『論語』の冒頭の文から読んでみよう。古来この文は非常に有名であるので、特別に解説を詳しくした。

❖　❖　❖

一　子《し》曰《いわ》く、学《まな》びて時《つね》に之《これ》を習《なら》う。亦説《またよろこ》（悦）ばしからずや。朋《とも》遠方自《えんぽうよ》り来《き》たる有《あ》り。亦楽《たの》しからずや。人《ひと》知《し》らずして慍《いか》らず。亦君《くん》子《し》ならずや。

子曰、学而時習レ之。不二亦説一乎。有下朋自二遠方一来上。不二亦楽一乎。人不レ知而不レ慍。不二亦君子一乎。
（学而《がくじ》篇一―一）

【現代語訳】
老先生は、晩年に心境をこう表された。〔たとい不遇なときであっても〕学ぶことを続け、〔いつでもそれが活用できるように〕常に復習する。そのようにして自分の身についているのは、なんと愉快ではないか。突然、友人が遠い遠いところから〔私を忘れないで〕訪ねてきてくれる。懐《なつ》かしくて心が温かくなるではないか。世間に私の能力を見る目がないとしても、耐えて怒らない。それが教養人というものだ、と。

【参考】

昔から、『論語』冒頭のこの文は、『論語』全体の性格を表していると読みとられてきた。たとえば、江戸時代の伊藤仁斎《いとうじんさい》『論語古義』は、冒頭に「学」字を置いているのは、学を重視する『論語』の全性格を表すものとしている。

あるいはたとえば、清朝の阮元《げんげん》の『揅経室集《けんけいしつしゅう》』巻二・論語解は「この章の三節は、みな孔子一生の事実にして、『史記』孔子世家（孔子の伝記）全篇の総論となす。故に弟子論撰（『論語』を編輯）のとき、これ（先ほどの引用文）をもって二十篇の首《しゅ》に冠す（置く）。（『論語』）二十篇の終わり（最終章）に曰く、命《めい》を知らずんば、もって君子となすなし、と。これと始終相応《あい》ずるなり」という。

あるいはたとえば、朱子《しゅし》の弟子の黄淳《こうじゅん》は、この三節を学問における始・中・終という順序を述べたものではなかろうかと朱子に問うている。もっとも朱子は、この一文はもっと奥行きが深く、豊かな意味があると言って、その解釈を否定している（『朱子語類』巻二十・論語二・学而篇上）。

この文全体を序文として見、何を意味しているのかと、そこに解釈を加えるとき、それは同時に、その人が『論語』をどのように見るかということを示すことになる。

私の場合、この文を晩年の落ちついた心境を示すものと解釈しない。この文全体に、私は沸沸《ふつふつ》と煮えたぎる孔子のエネルギーを読みとる。それも未熟な十代、二十代の単なる暴走的エネルギーではない。学問や見識を十分に備えており、そのため、まわりには熱気あふれる若い弟子たちが集まって結束し、まだ社会からは認められないが、他日を期してじっと耐え、ひそかに一剣を磨いている熟年の孔子をそこに見る。

「四十にして惑《まど》わず」（二〇五ページ）――祖国の魯《ろ》国の隣国である斉《せい》国で志を得られず、祖国に帰ってきたほぼ四十歳前後から、魯国の政界に颯爽《さっそう》と登場する五十数歳、すなわち「五十にして天命《てんめい》を知る」（二〇五ページ）までの間の、孔子の伝記における空白期間は、学校を開いて教えていた雌伏《しふく》の時代であった。

私はこのころのことばであったと考える。「人　知らずして慍《いか》らず」――これに類したことばが、『論語』中、五回も出てくる。不遇なとき、孔子は絶えずこの種のことばを自戒として述べていたのであろう。孔子学派にとって、それは生きかたの原点として重要なことばであっただろう。

もちろん、十人十色である。「人　知らずして慍らず」ということばに批判的な人もいる。たとえば、福沢諭吉『学問のすゝめ』十七編・人望論は次のように言う。「此教《このおしえ》は当時世間に流行する弊害を矯《た》めんとして述《のべ》たる言ならんと雖《いえ》ども、後世無気無力の腐儒は此《この》言葉を真《ま》ともに受けて、引込み思案にのみ心を凝《こ》らし、其《その》悪弊漸《ようや》く増長して遂には奇物変人無言無情、笑うことも知らず泣くことも知らざる木の切れの如き男を崇《あが》めて奥ゆかしき先生なぞと称するに至りしは、人間世界の一奇談なり」。

さて、『論語』の読みかたには、さまざまなものがある。その一つとして、専門に中国研究をしていない人の場合がある。いわゆる中国学専門研究者は、そういう人を好事家《こうずか》と呼んで、頭から無視することが多い。確かに、いわゆる好事家の解釈は、根拠（たとえば『論語』当時の用例）のない思いつきの場合が多いので、無視するのは専門家としての見識を示す。

しかし、『論語』の理解は、当時の語法の復元だけを目的とするものではない。『論語』は、歴史上の資料であると同時に、そこに古典としての豊かな内容というものがある。中国学専門研究者には、実証的解釈に熱中し、形式的意味は知りえても、ともすれば、意味する内容や意図や価値の分からない人が出てくる。いわゆる「『論語』読みの『論語』知らず」である。その点、『論語』を座右の書として自分なりの理解を深める形で、自分の人生において活用してゆく読みかたがある。いわゆる〈活学する『論語』〉である。そうなると、好事家として切りすてるわけにはゆかないであろう。

そうした活学家の『論語』解釈は山ほどあるが、その中で、これまで紹介してきた五十沢《いざわ》二郎《じろう》氏の訳は抜群の名訳である。いま取りあげているこの文について五十沢氏は、次のように訳している。

「自分で自分を知るということのうちによろこびがある。又人が自分を知ってくれて、はるかに心を寄せてくれるということもよろこびである。が、誰が知ってくれなくても不足に思わない人間はいちばん大きなよろこびを知る人間である」。

鄭玄《じょうげん》（後漢の経学者）は「同門を朋《ほう》と曰《い》い、同志を友《ゆう》と曰う」と注する。陸徳明《りくとくめい》の『経典《けいてん》釈文《しゃくもん》』論語音義によれば「有」は「友」と言える。また、後藤朝太郎《ごとうあさたろう》『論語と支那の実生活』（高陽書院、昭和十六年）は、「朋」字は貝貨を意味し、「有朋」は銭《ぜに》のある人、物持ち、すなわち「金持ちの友人」とする。傾聴すべき異説である。

ところで、読者におかれては気づかれたことと思うが「時」の訓《よ》みかたである。「時」を「ときに」と訓む人が多いが、誤解を招きやすい。というのは、その「ときに」を「ときどき。ときおり」という意味に誤解しかねないからである。

南北朝の皇侃《おうがん》『論語義疏』に拠《よ》れば、「時」には三つの意味があるとする。第一は、身体上（身中）における時。たとえば、六歳のとき、十歳のとき、十三歳のとき、十五歳のときを表す。第二は、季節上（年中）の春・夏・秋・冬を表す。第三は、日中を表す。その第三についてこう記している。「学ぶところ、並びに日に日に修習し、暫くも廃さざるなり」と。すなわち「常に」の意である。

朱子『論語集注《しっちゅう》』も「時」に対する程伊川《ていいせん》の解釈「時復」を引く。この「時復」は伝統的には「よりより」と訓む。「よりより」は「折り折り」で「常に」の意。また、謝良佐《しゃりょうさ》の解釈「時に習うとは、時として習わざるなし」を引く。もちろん「常に」の意。

つまり、「時」字には「常」の語感・意味があり、その語感がずっと残り、近世の口語に「時常」（つねに）という熟語が使われ、これは現代中国語に残り、「常常、経常」の意として、ふつうに使われている。「時常」は「常時」である。

なお、学問的ではないが、現代中国人の一般的な意識を表すものとして、中国人の辞書を見てみると、『国語大詞典』（中華民国・台湾の代表的辞書の一つ）の「時」字の用例③に「常」を挙げ、その例として「学而時習之」を挙げている。その影響か、参考にしたのかは未詳だが、『中日大辞典』（愛知大学、昭和四十三年）の「時」項の用例⑨に文言文として訳語「しょっちゅう・常に」を挙げ、用例は同じである。

そこで私は、「時に」をはっきりと「つねに」と訓んでいる。昔は「時ニ」と「時」字の右下に「ニ」という送りがなを記すだけであって「時」について傍訓もなく、すなわちその訓みかたについて何も記さなかったので、深く考えずに「時ニ」をそのまま「ときに」と訓んだのであろう。

二　廏《うまやや》焚けたり。子《し》朝《ちょう》より退《しりぞ》く。曰《いわ》く、人《ひと》を傷《きず》つけたるか、と。馬《うま》を問《と》わざりき。

廏焚。子退レ朝。曰、傷レ人乎。不レ問レ馬。（郷党《きょうとう》篇一〇—一一）

【現代語訳】

老先生の邸《やしき》の廏舎《きゅうしゃ》（馬小屋・馬舎）が焼けたことがあった。〔そのため〕先生が政庁より帰られたとき、「だれか怪我はしなかったか」とおたずねになった。しかし、馬のことはなにもおたずねにならなかった。

【参考】

後漢代の鄭玄《じょうげん》の「人を重んじ、畜を賤《いや》しめばなり」、中国・南北朝の皇侃《おうがん》の「人を重んじ、馬を賤しめばなり」という解釈が通説であるが（朱子の注もだいたい同じ）、以下に異説を挙げておく。

魏《ぎ》代の王弼《おうひつ》は、当時、軍事上、馬を重視して大切にしていた風潮をたしなめようとしたとする。『孟子』滕文公《とうぶんこう》下篇「廏に肥馬あり。民に飢色《きしょく》あり」。

本章のはじめにすでに引用したが、唐代の陸徳明は、「傷人乎」で句を切る読み方の他に、「傷人乎不」で句を切る読み方があるとする。するとこの文は「曰く、人を傷つけしや不《いな》（否）や。〔とたずねたそのあと〕馬〔の安否〕を問う」という解釈となる。

江戸時代の荻生徂徠《おぎゅうそらい》は、文中の「人」は、家族や近所の火を消した人々とする。すると、廏の火消しだけをして、馬を助け出さないということはありえないので、〔すなわち、当然、馬も救けだしたであろうから〕それで問う必要がなかったのだとする。

三　子《し》曰《いわ》く、弟子《ていし》入《い》りては則《すなわ》ち孝《こう》、出《い》でては則ち悌《てい》たれ。謹《つつし》みて信《しん》、汎《ひろ》く衆《しゅう》を愛《あい》して仁《じん》に親《ちか》づけ。行《おこ》ないて余力《よりょく》あらば、則ち以《もっ》て文《ぶん》を

子曰、弟子入則孝、出則悌。謹而信、汎愛㆑衆而親㆑仁。行有㆓余力㆒、則以学㆑文。（学而篇一—六）

学《まな》べ。

【現代語訳】

老先生の教え。青少年は家庭生活にあっては孝を行ない、社会生活にあっては目上の人に従え。常に言行を謹み、言行を一致させ、世人を愛することに努め、他者を愛するありかた（仁）に近づけ。それらを行なって、なおまだ余裕があるならば、古典（文）を学ぶことだ。

【参考】

道徳の実践と知識・技術の学習と――この二つの関係を考えるのは難しい。ふつう、儒家では、知識・技術の学習は、道徳実践の一つの方法とされている。たとえば、礼学（礼法）の学習は、ただ単なる形式の学習を目的とするのではなくて、その精神の熟知を目的とする。

第一、道徳の実践には、終点というものがない。しかし、知識・技術の学習の場合、すくなくとも伝達可能部分においては、終点がある。その意味で、道徳の実践よりも、知識・技術の学習のほうがやさしい。

ところが、知識・技術には、それ自体の持つおもしろさがある。そのため、本来は道徳実践のための手段であった知識・技術の学習それ自体がいつのまにか目的となってしまい、道徳の実践を忘れてしまいがちとなる。

たとえば、礼学についてはよく知っていても、礼がなんのためにあるのかという最も大切なことが分からない礼学専門家が生まれてきたりするわけである。いわゆる「『論語』読みの『論語』知らず」である。この事情は今も昔も変わるまい。

おそらく、孔子のころ、そういう知識人が多かったことであろう。この文で、道徳実践の強調を主とし、知識・技術の学習を従としたのは、孔子の一種のアイロニー（皮肉）であると見ることもできる。本来、孔子は、礼はもちろんのこと、『詩経《しきょう》』『書経《しょきょう》』など、知的学習を弟子たちに絶えず求めていたのである。

四　長沮《ちょうそ》・桀溺《けつでき》耦《ぐう》して耕《たがや》す。孔子《こうし》之《これ》を過《す》ぐとき、子路《しろ》をして津《しん》を問《と》わ使《し》む。長沮曰《いわ》く、夫《か》の輿《よ》を執《と》る者《もの》誰《たれ》と為《な》す、と。子路曰く、孔《こう》丘《きゅう》と為《な》す、と。曰く、是《こ》れ魯《ろ》の孔丘か、と。曰く、是《ぜ》なり、と。曰く、是《これ》ならば津《しん》を知《し》らん、と。桀溺に問う。桀溺曰く、子《し》は誰と為す、と。曰く、仲由《ちゅうゆう》と為す、と。曰く、是れ魯の孔丘の徒《と》か、と。対《こた》えて曰く、然《しか》り、と。曰く、滔滔《とうとう》たる者天下《てんか》皆是《みなこれ》なり。而《しか》して

長沮桀溺耦而耕。孔子過レ之、使二子路問レ津焉。長沮曰、夫執レ輿者為レ誰。子路曰、為二孔丘一。曰、是魯孔丘與。曰、是也。曰、是知レ津矣。問二於桀溺一。桀溺曰、子為レ誰。曰、為二仲由一。曰、是魯孔丘之徒與。対曰、然。曰、滔滔者天下皆是也。而誰以易レ之。且而与三其従二辟レ人之士一也、豈若レ

誰か以《もっ》て之を易《か》えん。且《か》つ而《なんじ》は其《そ》の　人《ひと》を辟《さ》くるの士《し》に従《したが》わん与《よ》りは、豈世《あによ》を辟くるの士に従うに若《し》かん、と。耰《ゆう》して輟《や》めず。子路行《さ》りて以て告《つ》ぐ。夫子《ふうし》憮然《ぶぜん》として曰く、鳥《ちょう》獣《じゅう》は与《とも》に羣《ぐん》を同《おな》じくす可《べ》からず。吾《われ》は斯《こ》の人の徒と与《とも》にするに非《あら》ずして、誰と与にせん。天下《てんか》　道有《みちあ》らば、丘　与《きゅうとも》に易えざるなり、と。

従㆓辟㆑世之士㆒哉。耰而不㆑輟。子路行以告。夫子憮然曰、鳥獣不㆑可㆓与同㆑羣。吾非㆓斯人之徒与㆒、而誰与。天下有㆑道、丘不㆓与易㆒也。

（微子《びし》篇一八―六）

【現代語訳】

長沮《ちょうそ》と桀溺《けつでき》との二人が、〔鋤《すき》を持つ者とそれを縄《なわ》で引っ張る者との〕対《つい》（耦）になって耕していた。孔先生一行がその近くを通りかかったとき、先生は子路《しろ》に河《かわ》の渡し場（津《しん》）のあたりかその二人にたずねさせられた。〔先生は子路に代わって輿《くるま》の手綱《たづな》を持った。子路が近づいてたずねたところ〕長沮「車の手綱《たづな》を持っとるあの人は誰《だれ》ぞい」。子路「孔丘《こうきゅう》（丘は孔子の名）です」。長沮「あいつが魯《ろ》の孔丘か」。子路は丁重に「そうです」。長沮「だったら、〔あちこちぶらついとるし、物識《ものし》りじゃから〕渡し場ぐらい知っとるじゃろ」。子路が桀溺にたずねると、桀溺「お主《ぬし》は誰じゃい」。子路「仲由《ちゅうゆう》（子路の姓名）です」。桀溺「魯の孔丘の子分かい」。子路は丁重に「そのとおりです」。桀溺「どこもかしこも乱れとるわな。

みなあきらめとる。お主《ぬし》も、人を選んでは浪人しておる孔丘なんかに付いてゆくより、静かに隠居して暮らしておるわしらに付いてくるほうが、よほどましぞ」と言って、土ならしをして耕す（耰）ことをやめなかった。子路は去って戻り、報告した。老先生はしらけてこうおっしゃられた。「私は鳥獣とともに暮らすことはできない。私がこの世の人とともに生きてゆくことをしないで、誰とともに生きてゆくのか。乱世でなければ、私は誰とも、ともに〔この乱れた世を治まった正しい世に〕変える必要はないのだ」と。

【参考】

①長沮・桀溺は農民であり、正業についている。しかし、インテリ隠者風の感じである。隠者とは、自己への強烈な関心を抱く者である。自己の純化、自己が抱く問題の徹底的深化、そこに価値の中心があるわけであるから、自己以外のものについては価値を認めない。だから、孔子のような、他の多数の人間に対して強烈な関心を抱いていることの価値を認めない。

外に対して関心を抱くということを、よく世俗的といって低く見、隠者の生活を超俗的といって高く見る傾向がある。しかし、それは絶対的な高低ではない。見る者の価値観による相違にすぎない。また、金銭、権力、人間関係の泥沼の中にあって、なおかつ超俗的な心の人もいるし、一方、山村や田園の中に住みつつも、下劣な俗っぽい心を持つ人もいる。生活の形式だけを見て、その内容を判断することはなかなか難しい。

ここでの孔子・子路と長沮・桀溺との対立は、隠者側の価値観に立てば、孔子の求職活動は空しく見えるし、孔子側の価値観に立てば、隠者のエゴイズムは無責任に見える。

あえて言えば、長沮・桀溺この二人は、隠者としてまだ本物ではない。本物であったならば、孔子一行に対して、関心すら示さないはずである。にもかかわらず、「是れ魯の孔丘の徒か」と、ミーハー的に有名人に関心を抱いている。まだまだ修行の足りない隠者のように見える。

なお、この二人の名は、長（背の高い）沮（木村英一『論語』講談社文庫、昭和五十年は、「多湿の地」とする）、桀（体の大きい）溺（木村同書は「下肥《しもご》え」、劉宝楠は「塗足（泥足《どろあし》）」とする）であり、それぞれ（ ）内に示したような感じの人間であったことを示している。湿地を耕している背高《せいたか》男、体の大きい泥足男、くらいの意と考えてよかろう。

②「耦而耕」については、諸説ある。私は「並んで耕す」のではなくて、一人は鋤《すき》をあやつり、もう一人は、それを引っ張る（たとえば鋤につけた縄《なわ》を引っ張る）という形ではなかったかと考える。つまり、一人は動力役であり、牛や馬を使わないで、牛馬のように縄をひく農耕の方法で、いま一人は操作役である。「耦」はそういうペアの意味ではないかと推測している。宮崎市定『論語の新研究』（岩波書店、昭和四十九年）は「二人一組」という訳をしているが、意味がはっきりしない。

五　子曰《しいわ》く、朝《あした》に道《みち》を聞《き》かば、夕《ゆう》べに死《し》すとも可《か》なり。

子曰、朝聞レ道、夕死可矣。（里仁《りじん》篇四―八）

【現代語訳】

老先生の教え。朝《あした》ニ道《みち》ヲ聞《き》カバ、夕《ゆう》ベニ死《し》ストモ可《か》ナリ。

【参考】

この文は下手に現代語訳をするよりも、原文そのままに訓《よ》むほうが胸に響く。「道」の意味は、読者によってさまざまであろう。人間は動物と異なる。人の世の真実、人間として大切なもの、生きてあることの意味、あるいは死への覚悟……人間として、読者の心に響くものが「道」である。「聞」は「学ぶ」、「可」は「それで十分」の意味。

＊五十沢二郎訳「真理に生きることを知れば、肉体の死の如きはもはや何物でもありはしない」。

第三章　自分の幸せだけでいいのか

人間を価値で分ける

人間をどう分けるか、となると、まずは老若とか男女とかということになる。もちろん、日本人とアメリカ人といった区別もある。しかし、そういった区別は身体的・外形的なものであって、そこに善いとか悪いとかという価値が入っているわけではない。

そこで、昔から価値で人間を区別するということがよく行なわれた。たとえば、共産主義なるものを考え体系化したマルクスという人は、人間を搾取する者と搾取される者とに二分した。分かりやすい。

けれども、同じようなことを庶民はすでにこのように言っている。「この世には、どうやって金銭《かね》を稼《かせ》ごうかと考えている人と、どうやって金銭《かね》を費《つか》おうかと考えている人との二種類がある」と。

だが、金銭だとか、搾取だとかで人間を分類するのは分かりやすいけれども、なにか侘《わび》しい。もの足《た》りない。そのわけは、人間を見る眼が浅薄《せんぱく》だからである。

孔子は人間を根底から見すえた人である。冷徹とさえ言ってよい、その人間観は。孔子はこう言っている、「中人《ちゅうじん》以上は、以《もっ》て上《かみ》を語《つ》ぐ可《べ》きなり。中人以下は、以て上を語ぐ可からず」（一一四ページ）と。すなわち、孔子は人間を二つに分け、ものごとについて、きちんと分かる人と分からない人とに区別した。そして、その後者を〈民《たみ》〉としたのである。これは差別ではない。区別である。

しかし、それは知性の問題であり、人間には、その他に感性や徳性もある。この感性や徳性について、民のそれはどのようなものであろうか。

それは、己《おのれ》の幸福を第一とするものである。幸福——これは人間ならばだれしもが求める。けれども、幸福と言ってもさまざまだ。その中で、民は己の幸福を第一に求めるのである。これは今日においてもほぼ似た状況であろう。

人間とは利己的生物

己の幸福を求める——そのことで人々は頭がいっぱいである。これは古今東西において変わらぬ人間のありようである。孔子の時代においても同様であった。しかし、それでいいのであろうかと孔子は考えた。

己一人だけで世の中が成り立っているわけではない。早い話が、人間は生まれたとき、まずはじめは両親の世話になる。そのあと、家族・親戚・友人・知人の世話になってゆく。もっとも、そこに共通するものは、己の幸福との関わりであるから、やはり己の幸福を求める範囲内での話である。ただし、世話になった家族・親戚・友人・知人に対しては、その幸福に寄与しようとするから、己の幸福以外、他者の幸福への若干の寄与がある。しかし、あくまでも自分と関わりがある他者に限られているので、やはり大きくは〈己の幸福を求める〉その範囲においてということに尽きる。

この〈己の幸福〉の追求自体は、人間の本能であり、悪いわけではない。しかし、己の幸福にどっぷりと浸《つ》かって過ごしているとどうなるであろうか。

安住してしまうに決まっている。すると、今の幸福な生活を失うまいとして、そのためにはどのようなことでも、たとい悪事であろうと働きかねなくなる。もちろん、他者の幸福など考えることもなくなる。ここに問題がある。

そういうことになると、結局は利己主義に至ってしまう。

利己主義——これは生物にとってはもともとのありかたである。生物としては正しい。しかし、集団として生きる場合、つまりは血縁外の人と社会を作るとなると、全体のために利己を抑えざるをえない。そこで、全体と個との適正なバランスというものを人類は求め続けたのである。これは本当に頭の痛い話である。

しかし、なにはともあれ、利己主義に沿いつつ己の幸福を求めること、これを当然とするのが一般大衆であり、孔子はそういう人々を〈民《たみ》〉と表現したのであった。これは、人間を見る目が透徹していることを意味する。

世には、一般大衆に媚《こ》びて、民とは常に清く、正しく、美しいなどという薄っぺらで観念的な見かたをする者が後を絶たない。もしすべての人々が清く、正しく、美しければ、人類最大の問題である利己主義など簡単に解決できたはずである。にもかかわらず、今日に至ってもなお利己主義が不滅である以上、民を清く、正しく、美しいなどと見る安っぽい観念論は、まったく誤っていることが分かる。〈諸国民の公正と信義に信頼して〉（日本国憲法前文）などというのも同類である。人間とは、すさまじい利己的生物なのである。

法と道理と

本章では、そうした〈己の幸福だけを求める〉民《たみ》の最も頽廃《たいはい》した姿について、孔子が具体的に語ったものを収めている。〈原壌《げんじょう》〉という無為《むい》徒食《としょく》の老人（七五ページ）、欲でいっぱいの〈闕党《けっとう》の童子《どうじ》〉（七六ページ）、なにも分かっていない〈郷原《きょうげん》〉（七七ページ）、四十歳という不惑《ふわく》の歳《とし》を迎えながら社会人として欠格の者（七八ページ）、下《くだ》らないことにしか興味を持たぬ者（七九ページ）、社会や国家のことなどまったく分からない者（七九ページ）、——孔子は〈民の真実〉をみごとに描き出している。

そして、そのハイライトは、「民　免《まぬか》れて恥無《はじな》し」（八一ページ）である。

聞けば、近代法学において自然法と法実証主義との二つの対立する立場があるとのことである。自然法派とは、この世における人間の営みは、自然法（大いなる道理とか、歴史的伝統の中で生き残った人間の知恵とか、民族的同意のある慣行など）に基づくとする。孔子が重んじた礼はこの領域に入る。一方、法実証主義派とは、文章化した法律、その逆も可で、法律化した文章——それにのみ従うとする。

たとえば、人類史上、最悪の悪逆無道の政治家とされるドイツのヒットラーがその政権獲得に至るまでの道は、法律に基づいていて合法的であり、法実証主義的には正しいとされている。

悪人ヒットラーとは比較にならない小者《こもの》ではあるが、自然法（道徳につながる）はそっちのけで、条文化された実定法、すなわちいわゆる法律に基づいていることをもって最高、最善とする人々が非常に多い。しかし、なにもいちいち法律に照らし合わせて生きるばかりが能ではない。己の道徳、社会の道徳、国家の道徳、あるいは伝統等に従って、つまりは道理に従って行なえばすむのである。

孔子はそれを言ったのである。しかし、今日の日本では、道徳は地に墜《お》ちているので、法と道徳とは異なるにもかかわらず、法を遵守《じゅんしゅ》すること（流行語で言えばコンプライアンス）によって道徳的な完成があると思っている人が多いのである。

そうではない。道徳的に行動することによって、結果的に法令遵守となっているというふうであるべきだと孔子は述べているのである。民はそうあるべきであるのに、なかなかそうはならず、道徳的であることは忘れて、ひたすら法にひっかかりさえしなければなにをしてもいいのだというふうに考えていると、孔子は民の本質を抉《えぐ》り出しているのである。

では、己の幸福だけを考えることを越えて、何をすればいいのかということになる。そのことについては、次章において述べてゆきたい。

❖　❖　❖

一　原壌《げんじょう》夷《い》して俟《ま》つ。子《し》曰《いわ》く、幼《よう》にして孫弟《そんてい》（遜悌）ならず。長《ちょう》じては述《の》ぶる無《な》し。老《お》いて死《し》せず。是《これ》を賊《ぞく》と為《な》す、と。杖《じょう》を以《もっ》て其《そ》の脛《けい》を叩《たた》けり。

原壌夷俟。子曰、幼而不㆓孫弟㆒、長而無㆑述焉、老而不㆑死、是為㆑賊。以㆑杖叩㆓其脛㆒。

（憲問《けんもん》篇一四—四三）


【現代語訳】

〔孔子の古い知り合いの〕原壌《げんじょう》が尻《しり》を地につけ脛《すね》を立てて坐り（夷。立て膝）、〔不作法な姿で〕老先生を待っていた。老先生は「幼いときから礼儀知らず。大人となってから、これという取り柄もない。年をとって生きているだけ。こういう奴《やつ》がならず者だ」とおっしゃって、その曳《ひ》いておられた杖《つえ》で、原壌の脛をぴしゃりと叩《たた》かれた。


【参考】

『礼記《らいき》』檀弓《だんぐう》下篇に、原壌の母が亡くなったとき、原壌は木に登って歌を歌っていたという話が残っている。

この文は、原壌の不作法を厳しくたしなめたとするのがふつうの解釈であるが、荻生徂徠は、古い知り合いの原壌に対して、「孔子、杖をもってその脛を叩くはまた戯《たわむ》れをもってこれを行なうなり。いやしくも親狎《しんこう》する（仲が良い）にあらずして、あにかくのごとくせんや」と解釈している。

二　闕党《けっとう》の童子《どうじ》命《めい》を将《おこ》なう。或《ある》ひと之《これ》を問《と》うて曰《いわ》く、益《えき》ある者《もの》か、と。子《し》曰く、吾《われ》其《そ》の位《くらい》に居《お》るを見《み》る。其の先生《せんせい》と並《なら》び行《ゆ》くを見る。益を求《もと》むる者に非《あら》ず。速《すみ》やかに成《な》らんと欲《ほっ》する者なり、と。

闕党童子将レ命。或問レ之曰、益者與。子曰、吾見三其居二於位一也。見下其与二先生一並行上也。非二求レ益者一也。欲二速成一者也。

（憲問篇一四－四四）

【現代語訳】

闕《けっ》という地出身の童子が客の取り次ぎをしていた。ある人が、〔客の取り次ぎをするくらいであるから〕「なにか良いところのある少年ですか」と質問したところ、老先生はこうお答えになられた。「この子は子どもなのに隅に坐らず、上席に平気で坐っている。成人には一歩退《さが》って随行すべきなのに、並んで歩く。そういうのを私は見ている。良いものを学ぼうとする者ではない。ただ速く成人なみになりたいと思っているだけの子である。〔だから、礼儀作法を教えるために取り次ぎをさせ訓練しているのである〕」と。

【参考】
孔子とて人間である。数ある弟子の内、愛することのできなかった者がいたのは当然である。そうした愛されなかった弟子の一人として、この文に出てくる少年がいる。無名の人物であるが、孔子の学校で学び、早く職を得たいと考え、背伸びをし、上昇志向のみを生きがいとしていた雰囲気を伝えている。

二　子曰《しいわ》く、郷原《きょうげん》は徳《とく》の賊《ぞく》なり。

子曰、郷原徳之賊也。（陽貨《ようか》篇一七―一一）

【現代語訳】
老先生の教え。八方美人の者（郷原）の言動は、道徳にとって害になる。

【参考】
見識がなく常にたてまえだけにすがる凡庸なモラリスト、大局の分からない正義派、原則なき同情者――こういうしたり顔の人間たちは、一見したところ、りっぱな人間らしくふるまうのであるが、その実、厳しい主体的決断や行動に基づかないところの、中身のない偽者《にせもの》である。その種の人間のことを、孔子は「郷原」と言ったようである。この「郷原」について『孟子《もうじ》』尽心《じんしん》下篇に、孟子が詳しく自分の意見を述べている。

四 子《し》曰《いわ》く、年四十《としししじゆう》にして悪《にく》まる。其《そ》れ終《お》わらんのみ。

子曰、年四十而見レ悪焉。其終也已。

（陽貨篇一七―二三）

【現代語訳】

老先生の教え。四十にもなって人に憎まれるようでは、もう終わっているわ。

【参考】

孔子の世代論は、おそらく、最晩年、諸国放浪から祖国の魯《ろ》国に帰って学校を開いた時代、その一生を顧みてできたものであろう。有名な「吾《われ》十有五《じゆうゆうご》にして学に志す……」（二〇五ページ）という生涯の回顧と並行しているのであろう。

中国の世代論においては、実は五十以上が重視されている。『礼記』曲礼《きよくらい》上篇「人、生まれて十年を幼と曰《い》い、学ぶ。二十を弱と曰い、冠《かんむり》す。三十を壮と曰い、〔妻〕室あり。四十を強と曰い、すなわち仕う。五十を艾《がい》と曰い、官〔職〕政〔務〕に服《したが》う。六十を耆《き》と曰い、〔人を〕指〔揮し〕使〔役〕す」。だから、四十というのは、社会的評価の定まる、実質的には最も重要な世代である。

五　子《し》曰《いわ》く、羣居《ぐんきょ》すること終日《しゅうじつ》、言《げん》 義《ぎ》に及《およ》ばず、好《この》んで小慧《しょうけい》を行《おこ》なう。難《かた》いかな。

子曰、羣居終日、言不レ及レ義、好行二小慧一。難矣哉。

（衛霊公《えいれいこう》篇一五—一七）


【現代語訳】

老先生の批判。群れて一日中〔雑談し〕、話す中身に道徳論（義）はなく、小才《こさい》をめぐらす話ばかりに熱中している。〔これでは教養人となるのは〕難しいな。


【参考】

このことばがいつ発せられたものか、もとより定かではない。しかし、「羣居終日」の「一日中ごろごろしている」という表現は、孔子の家に住みこんでいる弟子たちというイメージに近い。おそらく、その他大勢の不勉強な弟子たちに対する嘆きのことばであっただろう。『論語』陽貨篇一七—一九「飽食終日」も同じく不肖《ふしょう》の弟子たちへの批評であったと考える。

六　子《し》曰《いわ》く、民《たみ》は之《これ》に由《よ》ら使《し》む可《べ》し。之を知《し》ら使む可からず。

子曰、民可レ使レ由レ之。不レ可レ使レ知レ之。

（泰伯《たいはく》篇八—九）

【現代語訳】

老先生の教え。人々に対して、政策に従わせることはできるが、政策〔の意義・目的など〕を理解させるとなると、なかなかできない。

【参考】

「之」を正道・人道という道徳（延《ひ》いては、それに基づく政治）とするのが通解である。鄭《じよう》玄《げん》は、「民 mín」を「冥 míng（無知）」とし、「由」を「従」と解釈する。定説的な解釈はあるものの、だいたいにおいて、こうした多少の揺れがあるのがふつうである。もっとも、劉宝楠《りゆうほうなん》は「民」を弟子、「之《これ》」を詩書礼楽など六芸《りくげい》として、高弟七十二人について述べたものとする。すると、まだ六芸に通じていない「不可使知之」の民（弟子）がいることとなる。それは七十二人を除く他の弟子であるとする。やや特異な解釈である。また、江戸時代の中井《なかい》履軒《りけん》は「不可」は禁止の意味でなく、不能（できない）の意味にすべきと主張する。劉宝楠の解釈ならば「不可」については履軒の解釈をとることとなろう。

さて、一九七〇年代、文化大革命は中国大陸を揺るがしたが、同時に孔子批判が激しく行なわれた。そのとき、この文は、「労働する人民（奴隷）を、奴隷を支配する貴族にただ服従させようとする反動的愚民政策、反革命的信条である」と断じ、孔子の愚民哲学として攻撃の主たる対象とした。

しかし、それは、民衆は常に正しいとする信念からの解釈にすぎない。民衆には愚かしさも同時に存在するのであって、その真実を孔子が抉《えぐ》り出したのである。ここには、民衆の無知という真実が示されている。

＊五十沢二郎訳「人々に必要なのは信仰である。知識ではない」。

七　子《し》曰《いわ》く、之《これ》を道《みちび》（導）くに政《まつりごと》を以《もつ》てし、之を斉《ととの》うるに刑《けい》を以てすれば、民《たみ》免《まぬか》れて恥《はじ》無《な》し。之を道くに徳《とく》を以てし、之を斉うるに礼《れい》を以てすれば、恥有《あ》りて且《か》つ格《ただ》（正）し。

子曰、道レ之以レ政、斉レ之以レ刑、民免而無レ恥。道レ之以レ徳、斉レ之以レ礼、有レ恥且格。

（為政《いせい》篇二―三）

【現代語訳】

老先生の教え。行政を法制のみに依《よ》ったり、治安に刑罰のみを用いたりするのでは、民はその法制や刑罰にひっかかりさえしなければ何をしても大丈夫だとして、そのように振る舞ってなんの恥ずるところもない。〔しかし、その逆に、〕行政を道徳に基づき、治安に世の規範（礼）を第一とすれば、心から不善を恥じて正しくなる。

【参考】

共同体（血縁的・地縁的）を律するものは、道徳である。しかし、共同体と共同体との間とか、共同体の関わる範囲とかが拡大され、広い社会すなわち地域的にも人間関係的にも、たがいの気持ちが稀薄となってくると、道徳だけでは律しきれないようになってくる。そこで、広範囲の土地や人々を律する新しい原理として、法が積極的に作られるようになる。カントが言うように、道徳は良心に基づくが、法は強制による。もちろん、共同体においても法はすでに存在していた。しかし、支配規律としては、道徳が優先していたのである。実は儒教では道徳の一部に刑（「法」と表現していた）があった。この刑が後に法として独立してゆく。

孔子の時代、産業、地域、人口など、あらゆる面での拡大が日に日に進んでいた。そこで、有効性を発揮し始めてきた法と、旧来の共同体社会における道徳とが、一致するときもあれば一致しないときも起こり、指導方針が、道徳（徳・礼）か法（政・刑）かと揺れるようになってきた。孔子は農業的発想の持主であり、共同体論者であったから、法的指導、法的政治を攻撃し、批判していたのであった。この文の主張はその典型である。

多様な人間の集まる社会において、個体の利己主義を抑止する〈知恵〉としての道徳が、〈道具〉として法を作ってきた、またその要求が大きくなってきたと私は考える。

＊五十沢二郎訳「法律や刑罰は人々の行を律《ただ》しくすることはできても、良心の律を与えることはできない。真理と正義とは人々に良心の律を与えるものだ。人々の行は自ら律《ただ》しくならずにはいない」。

第四章　他者の幸せを求めて

志を持って生きよ

人間は、まずなによりも自分の幸福を求める。利己主義と言われようと何と言われようと、生物として当然のことではないか。

しかし、この世にはそういう人間ばかりではなくて、己《おのれ》の幸福もさることながら、他者の幸せを願う人間がいるのである。それは、利己主義を自力で越えようとする強い人間である。ただ、そういう人は非常に数少ない。

他者の幸せのために生きよう——そのように考えること、それが〈志《こころざし》〉を立てることなのだ。己の幸福だけを懸命に考えること、それは志を立てることではなくて、利己主義の徹底にすぎない。だからこそ、己の幸せの現実化として大富豪になったとしても、社会的高位を得たとしても、どこか空《むな》しく、どこか寂しく、どこか侘《わび》しい。まわりを振りかえれば、心の友も、まごころある後輩も、だれもいないではないか。

孔子は、弟子に〈志〉を求めた。たった一回の人生を志を持って生きよ、と。

その志すものは、現代ならばさまざまにある。医療の道、介護の道、いやそのような道徳的な〈他者のための幸せ〉だけがすべてではない。間接的ならば、食糧を運ぶことも、ニュースを伝えることも、タクシーを運転することも……人々のための仕事である。

孔子は、そうした〈志〉を持つ人物を〈士〉としたが、それは次節に述べるような、孔子の時代における職業上の特別な事情に由《よ》る。今日においては、なにも〈士〉に限られるわけではない。あらゆる職業のそれぞれの分野において、〈志〉を持つ人物を指すと考える。

農・工・商を統治するのが士

紀元前六世紀の孔子のころ、産業が未熟であり、職種は非常に少なかった。職業として圧倒的な数を占《し》めていたのは、農業であった。現在の中国大陸でも四〇パーセント弱が農業人口である以上、孔子の当時、実証的なデータはないけれども、おそらく九八〜九九パーセント程度は農業であっただろう。残りの数パーセントが商工業というところであろう。

その古代中国社会では、商人は卑《いや》しめられていた。当時の単純な〈経済学〉では、商業は製品を生産地から消費地へ単に運搬して売るだけであり、鍬《くわ》を振って大地を耕す重労働の農業に比べると労働ではないとして卑しめられたのである。工業は、手作業で〈もの〉を生産するので、商業ほどは卑しめられなかったが、設備となによりも訓練された技能が必要であったので、農業から簡単に転職することはできなかった。

この農・工・商の他に士（行政の担当者）があった。全体的に言えば、すべては民であるから、農民・工民・商民の他に士民がいることになる。しかし、士民は農民・工民・商民を統治するので、さしあたり民（農・工・商）と士とに分けておく。

さて、「士」の字源であるが、白川静《しらかわしずか》に拠《よ》れば、たとえば「士」という形で、これは「小さな鉞《まさかり》の刃部を、刃を下にして置く形」である。士は王に仕える戦士のことで、「王」の字源は「王」すなわち「大きな戉《えつ》（鉞）の刃部を下にして置く形」である。「王」と「士」とは鉞の大小の差であるとする。

こうした字源に基づく文字が生まれた古代社会の制度は、孔子の時代まで生きて続いてきていた。

すなわち、王・士（士の高級なクラスが後の大夫《たいふ》であり、さらに高級なクラスが卿《けい》である）は戦闘力を持った集団である。それは平時においては民を統治する。つまりは行政を掌《つかさど》ったわけである。

王道による徳化統治

この行政（立法・司法をも含む）において、力だけで統治するのでは民心を得られない。平和的に統治する政治理論が求められる。その大筋は、最高の有徳者《ゆうとくしゃ》に対して天が政権を与えるとする。この有徳者が周囲の者を感化し、文化し、教化し、徳化してゆくことを理想とする。これが発展して中華思想となる。

そのように道徳的に人々を感化する統治を王道《おうどう》と言う。これに反して、力——武力で統治するのを覇道《はどう》と言う。覇道は中華思想（王道）とは似《に》て非《ひ》なるものであるのに、この覇道を中華思想と誤解する人が多い。軍事拡大をする現代中国大陸が覇道にあることは言うまでもない。それは中華思想とは異なるものである。

すると、王道による徳化統治は、民を幸福にすると言える。民を幸せにする——これは、他者のための幸せを願うことである。

すなわち、〈他者の幸せのために〉という志を立てるとき、それを現実化する道は、士となり行政を担当することであり、当時、他に道はなかった。農業中心であり職種が限定されていた孔子のころ、士となることが他者を幸福にする方法として最も現実的であった。この士ならびにその上位者である大夫すなわち士大夫《したいふ》階層を為政者《いせいしゃ》と言う。

しかも士農工商の階層は、身分として限定された階級とは異なり、流動的であった。志と才能と機会とがあれば、農民から士となることができた。孔子はその一例である。父は農民。母は儒《じゅ》という祈禱師《きとうし》集団出身であり、社会的差別すら受けていた。にもかかわらず、農民の孔子は後に祖国の重臣となり大夫にまでなっている。

因《ちな》みに、儒は祈禱や儀式などの記録を中心として一定の文字財産を有していた知識人集団でもあった。

信なくして政はなし

本章に収めた『論語』の文は、志ある者、すなわち士たる者のありかたを述べたものである。他者の幸福を真に思う者は、己の幸福を犠牲にすることができる者であれということを一貫して述べている。

これは普通の人間ではなかなかできない。今日の中国大陸における行政官僚（同時にほとんどが中国共産党の党官僚）の腐敗は目を覆《おお》わんばかりの惨状である。一般行政者はもとより、警察、検事、果ては裁判官に至るまで収賄《しゅうわい》して恥《は》ずるところがない。そこには、〈政治とは他者のための幸福〉という志は見られない。

『論語』には、孔子の弟子の「政《まつりごと》を問う」ということばが多い。それは、政治とは何か、他者を幸福にするにはどうすればよいか、という真剣な問いであった。弟子たちは、孔子が主宰する学校に学び、孔子の推薦等によって為政者として就職する。そしてただちに行政を担当するのであるから、政治とは何かという根本問題についての見識を持たなければならなかった。

その政治は、現実そのものである。まずは民を飢《う》えさせないことである。今日の豊かな日本からすれば、餓死《がし》などまったく実感がない。しかし、現代においてなおかつ餓死する人が世界のあちらこちらでいる。まして古代中国では、餓死者があっても不思議ではない。中国人の朝の挨拶《あいさつ》は「吃飯了嗎《チーファンラマ》」（飯吃《めしくっ》たか）である。まずは腹である。空腹ではどうにもならない。民が求める己の幸福の中心は、空腹でないことである。為政者の務めは民が餓死しないようにすることである。

しかし、外敵がいる。民の生活が安定したとなると、その豊かさつまり財物を奪おうとする悪者が現れる。それを組織的に行なうのは外国である。外国からの侵入が必ずある。

この侵入から自国を守るのは当然である。国防――これは国家の基本である。日本国憲法の言う「諸国民の公正と信義に信頼」して国防をおろそかになどしたら、ひどい目に遭うことは、常識である。国家は精強な国軍を持たなければ亡国の運命をたどる。これは歴史の教えるところである。その例は山ほどある。

しかし、もう一つ重要なものがある。それは政府に対する信頼である。いくら経済的に豊かであり、いくら精強な国軍を持っていたとしても、政府が国民の信頼を裏切るようなこと、たとえば、大汚職をするとか、特定の者の犯罪は見逃すとか、公金がでたらめに使われているとか、本当に生活に困窮している者を見捨てるとか……そういうような政府を民は絶対に支持しない。政府に対する国民の信頼が根本である。

そこで孔子は言う、「食を足《た》らし、兵を足らし、民 之《これ》を信ず」と。しかし、食・兵・信の価値が同等とは言えない。序列がある。その順序とはどのようなものであろうか、ということになる。それに対して、孔子はきちんと答えている（九四ページ）。

多神教社会と政治と

では、中国人にとって政治はどういう意味を持つのであろうか。実は、宗教と深く関わっているのである。

中国・朝鮮半島そして日本やベトナム北部など、この地域は東北アジアに当たる。この東北アジアはもちろん多神教の地帯である。

多神教の場合、多神ということばが示すように、神は複数であるので、一神教のように絶対最高唯一の神といったような観念はない。

一神教の神は唯一であり全知全能であるが、多神教の神々はそれぞれ一知一能であり分化されている。ということは、一神教の神が絶対的であるのに対して、多神教の神々は相対的であり、神々の間において強弱、優劣、長短、上下があり、人々は己の〈好み〉、〈そのときの願い〉によって、己にとって必要な神を探して選びとるのである。たとえば、学業、入試といった問題については菅原道真《すがわらのみちざね》（天神《てんじん》）を祭る天満宮《てんまんぐう》に参拝する。交通安全については琴平《ことひら》（香川県）の金刀比羅宮《ことひらぐう》に参拝する、というふうに。

それは、人間側の都合によって効《き》きめのある神を取捨選択するということであって、A氏にとっては信仰する神XであってもB氏はB氏にとって効きめのある神Yを信仰する。信仰する神は人によって異なる。すなわち神は相対的なものでしかない。それが多神教の神の意味である。

となると、神が人間を指導するのではなくて、逆にその人間にとって必要な神が選ばれるという、いわば人間の都合によって存在する神々ということになる。

そうした便宜的な神々であるから人間社会にとっては、率直に言えば神々は附随的とならざるをえない。そこには、天地を、光を、人間を〈創造した神〉というような唯一最高神という観念はない。

一神教においては、まず全知全能にして唯一絶対の神が存在し、その被造物として万物が存在する。これに対して、多神教においては、誰が創造したものでもない〈渾沌《こんとん》〉がまず存在し、時間が経《た》つにつれて、軽重、濃淡等によって〈もの〉に分化し、この世ならびに万物ができたとする。その結果、神々と人間・万物とが〈共生〉する状態となる。その神々は一知一能であり、人間Aにとって信仰する神Xは、神Yを信仰する人間Bにとって価値がない。すなわち神々は人間同士の間において相対的存在でしかない。

ということになると、多神教の社会は、結局は〈人間の世界〉ということである。そういう社会に生きる以上、多数の人間にとっての共通の拠《よ》りどころとして、政治が重要となってくる。

多神教社会は、実は人間中心の世界であるがゆえに、人間社会を運営する政治が最も重い意味を持ってくる。いや、政治は〈他者のための幸福論〉として存在意義を有していると言ってもよい。

前述のように、孔子のころ、他者の幸福を求めた者は、政治への道、すなわち為政者《いせいしゃ》への道を歩むことが最も具体的にして最も現実的であった。孔子の弟子たちが志を立て為政者たらんとしたのは、そういう構造だったからである。

付け加えて言えば、東北アジアでは、政治が最も優先されたがゆえに、その頂点にある天子の下《もと》にすべてがあった。だから、政治が宗教を支配してきたのである。たとえば仏教の僧侶は中国では八世紀の律令体制以降、官僚（僧官・官僧）となり、天子に支配された。日本でも、中国を模倣して生まれた律令体制の下、同様のことが起こったのである。

この点、ヨーロッパ中世では、キリスト教（宗教）が王たち（政治）を支配していた。すなわち〈政〉の上に〈教〉があった。フランス革命の目的の一つは、政治における、キリスト教からの脱却であり、その意味での〈政教分離〉であった。日本の場合、敗戦後に唱えられた〈政教分離〉とは、ヨーロッパとは逆に、宗教における、政治からの脱却という意味であった。それまでは〈教〉の上に〈政〉があったのだ。

この点がよく誤解される。東北アジアにおける政治上位・宗教下位、またヨーロッパ中世における宗教上位・政治下位という事実を知らず、単に〈政治と宗教とは交わらない〉ことを政教分離と称している人が多い。中には、ヨーロッパの宗教上位・政治下位という形を日本にあてはめる人がおり、神道《しんとう》が政治を支配したなどと言う人がいる。それは誤解である。日本においては神道が政治を支配したことはなく、政治が神道を支配してきたのである。

❖　❖　❖

一　子曰《しいわ》く、訟《うった》えを聴《き》くは、吾猶人《われなおひと》のごとし。必《かなら》ずや訟え無《な》から使《し》めんか。

子曰、聴レ訟、吾猶レ人也。必也使レ無レ訟乎。（顔淵《がんえん》篇一二―一三）

【現代語訳】

老先生の教え。訴訟を処理する能力は、私は他人《ひと》と同じだ。〔もし違うとすれば〕訴訟を起こすようなことがないように〔政治を〕するという点か。

【参考】

共同体であろうと、法的社会であろうと、罪に対する裁きが存在する。しかし、その裁きの方針は異なる。共同体の場合は、前例（つまりは慣習）や、そのときの状況との関係といったものが方針の主力となるのに対して、法的社会の場合は、できるだけ罪刑法定主義（罪に対する量刑が何であるかを予《あらかじ》め定めておく）に基づこうとする。

罪刑法定主義であると、その罰の程度が定まっており、たとえば窃盗では死刑になることはない。その代わり、その法にさえひっかからなければ、いくらでも悪事が可能となる。これに反して、共同体での裁きは、時によっては、窃盗でも見せしめとして死刑になることがある。だから、本来、罪を犯さないようにすること自体が大切となる。

孔子は罪刑法定主義に基づく法的社会を拒否し、共同体社会を維持しようとする。だから、訴訟ごと自体をなくすこと、すなわち本来だれもが罪を犯さないようにしようと主張するのである。

二　子《し》衛《えい》に適《ゆ》く。冉有僕《ぜんゆうぼく》たり。子曰《いわ》く、庶《おお》いかな、と。冉有曰く、既《すで》に庶し。又何《またなに》をか加《くわ》えん、と。曰く、之《これ》を富《と》まさん、と。曰く、既に富めば、又何をか加えん、と。曰く、之を教《おし》えん、と。

子適レ衛。冉有僕。子曰、庶矣哉。冉有曰、既庶矣。又何加焉。曰、富レ之。曰、既富矣、又何加焉。曰、教レ之。（子路《しろ》篇一三―九）

【現代語訳】

老先生が衛《えい》国へ行かれたとき、冉有《ぜんゆう》が車の御者《ぎょしゃ》（僕）を務めた。〔衛国に入ったとき、〕老先生はおっしゃった。「人が多いな。〔重税に苦しんで他国へ逃げることがないのはいいことだ〕」と。冉有は質問した。「人が多いこの上に何を与えましょうか」と。老先生「豊かにすることだ」。冉有「豊かにもすることができましたあと、何を加えましょうか」。老先生「教育だ」。

【参考】

「衛」が、衛国の領土を指すのか、あるいは、衛国の国都である帝丘《ていきゅう》（城）の街中を指すのか、はっきりしない。北宋の邢昺《けいへい》は「衛の境に至り、衛人の衆多きを見る」と衛国の領土と解している。しかし、農村が魯国と比べてそれほど大きく人口差があるとは思えない。私は、魯国の国都である曲阜《きょくふ》の街に比べて、衛国の国都である帝丘の街の様子が、よりにぎやかであったことを示すものと考える。

三　子貢《しこう》政《まつりごと》を問《と》う。子《し》曰《いわ》く、食《しょく》を足《た》らし、兵《へい》を足らし、民《たみ》之《これ》を信《しん》ず、と。子貢曰く、必《かなら》ず已《や》むを得《え》ずして去《さ》らば、斯《こ》の三者《さんしゃ》に於《お》いて、何《なに》をか先《さき》にせん、と。曰く、兵を去らん、と。子貢曰く、必ず已むを得ずして去らば、斯の二者《にしゃ》に於いて、何をか先にせん、と。曰く、食を去らん。古《いにしえ》自《よ》り皆《みな》死《し》有《あ》り。民信ずる無《な》くんば立《た》たず、と。

子貢問レ政。子曰、足レ食、足レ兵、民信レ之矣。子貢曰、必不レ得レ已而去、於二斯三者一、何先。曰、去レ兵。子貢曰、必不レ得レ已而去、於二斯二者一、何先。曰、去レ食。自レ古皆有レ死。民無レ信不レ立。

（顔淵篇一二―七）

【現代語訳】

子貢《しこう》が為政者の心構えを質問した。老先生はこうおっしゃられた。「民の生活の安定、十分な軍備、そして政権への信頼である」と。すると子貢は質問した。「〔食・兵・信の〕三者の内、どうしても棄てなければならないとしましたならば、まずどれでしょうか」と。老先生は「軍備の軽減だ」と答えられた。子貢はさらに質問した。「では残った二者の内、どうしても棄てなければならないときは、どれでしょうか」と。老先生はこう教えられた。「生活だ。〔もちろん食がなければ死ぬ。しかし〕古来、人間はいつか必ず死ぬ。〔けれども〕もし為政者への信頼がなければ、国家も人も立ちゆかないのだ」と。

【参考】

『論語』においてこの文は重要な地位を占めている。

ふつう、「兵を去る」を「軍備を除く」という意味に取りがちであるが、それは現実的でない。いやしくも国政家が国防を無視するという政策を行なったとすれば、それは国家の自殺行為である。史上、一部の例外をのぞき、国防軍のない国家など存在しない。

軍備廃止という非現実的解釈に対して、郭敬は「去とは、なお少なくするを言うがごとし」と解釈する。すなわち節減であるとする。あるいは劉宝楠《りゅうほうなん》は「兵を去るとは、力役《りきえき》の征（税）を去るを謂《い》う。『周書』糴匡解《てききょうかい》に〈年饑《う》うれば則ち兵備制《せい》せず〉」と、軍役税の軽減と解釈する。こうした解釈は現実的であり、孔子の言おうとした意味として当たっている。

なお中井履軒は「みな死ありとは、（中略）これ民の餓死を論ずるなり」と特別の状況に限定して解釈しているが、おそらく孔子の意図に近いであろう。

四 子《し》曰《いわ》く、教《おし》えざる民《たみ》を以《もっ》て戦《たたか》うは、是《こ》れ之《これ》を棄《す》つと謂《い》う。

子曰、以㆓不㆑教民㆒戦、是謂㆑棄㆑之。（子路篇一三―三〇）

【現代語訳】
老先生の教え。軍事を教えない民を用いて戦争するのは、民を棄てるというものである。

【参考】
この文には、いくつかの異説がある。通説的には、「不教」を「教育していない」（すなわち教育のない）とするが、何を教育していないのかと、教育の目的語を突きつめると、問題が生じる。

宮崎市定は一歩進めて「訓練しない人民を戦争に狩り出すのは、殺されにやるようなものだ」と訳しているが、「訓練」の意味がいまひとつはっきりしない。私は、もっと積極的に「民に戦いのしかたを教えない」すなわち「軍事訓練をしない」という意味と考える。

五 子《し》曰《いわ》く、士《し》の道《みち》に志《こころざ》すや、悪衣《あくい》・悪食《あくしょく》を恥《は》ずる者《もの》は、未《いま》だ与《とも》に議《ぎ》するに足《た》らず。

子曰、士志㆓於道㆒、而恥㆓悪衣悪食㆒者、未㆑足㆓与議㆒也。

（里仁《りじん》篇四―九）

【現代語訳】
老先生の教え。士《おとこ》がいったん志《こころざし》を立ててその道へ進むとき、〔不遇なことがあり、その結果の〕貧しい服装や食事を恥ずるような者は、同志として共に語るに足らない。

【参考】
物欲・華美等、外面の充実は、多くの人間の望むところである。これは、古今東西において共通する。つまり利己主義であり、それは動物の段階である。それを越えて、内面の充実を図ろうとするのが、思想や道徳あるいは宗教の目指すものである。これも古今東西において共通する。孔子も世の哲人と同じくそれを主張している。

＊五十沢二郎訳「真理を口にしながらも衣食の事を患《わずら》う者は真理を語る資格の無い者である」。

六　子曰《しいわ》く、士《し》たるに居《きょ》を懐《おも》えば、以《もっ》て士と為《な》すに足《た》らず。

子曰、士而懐レ居、不レ足二以為一レ士矣。

（憲問《けんもん》篇一四―二）

【現代語訳】
老先生の教え。職務に精励すべきであるのに、己の生活の安楽（安居）を思うような者は、できる士《おとこ》とするに足らない。

【参考】

荻生徂徠「男子は生まれて四方の志あり。故に弧《こ》を門に懸くるは礼なり。（中略）四方に使いするは士の重務なり。大夫もまた四方に使いす。しかれども邦に在りては政に従う。これ大夫の重務なり。故に孔子の士におけるや、多く使事をもってこれを言う」。

なお、『礼記《らいき》』射義篇に「男子生まれて、桑弧《そうこ》六、蓬矢《ほうし》六、もって天地四方を射る。天地四方は男子の事《つか》うるところなり」とある。

七　曾子《そうし》曰《いわ》く、士《し》は以《もっ》て弘毅《こうき》ならざる可《べ》からず。任《にん》重《おも》くして道《みち》遠《とお》ければなり。仁《じん》以て己《おの》が任と為《な》す。亦《また》重からずや。死《し》して後《のち》已《や》む。亦遠からずや。

曾子曰、士不レ可三以不二弘毅一。任重而道遠。仁以為二己任一。不二亦重一乎。死而後已。不二亦遠一乎。

（泰伯《たいはく》篇八－七）

【現代語訳】

曾《そう》先生の教え。〔人の道を求めるという〕志のある者は、度量があり（弘）、また強い（毅）人間でなくてはならない。その負担が重く、達成まで遠いからである。人の道（仁）を己の任務とする。なんと重いことだ。それも死ぬまで続く。なんと遠いことだろう。

【参考】

清朝の康有為《こうゆうい》の『論語注』は彼の生きた清末の時代の問題を織りこんでいる。中国人の注釈は、歴史実証的注解を行なう反面、こうした時世論を加えることもまた多い。康有為は、ヨーロッパの学校では詩・礼・楽がカリキュラムの中に組みこまれており、人材養成上、その効果が大きいとし、こう述べる。「一切の科学はみな専門となすも、ただ詩・礼・楽は普通の学となし、人、習わざるなし。孔子の道大いに欧美（「美」はアメリカ・メリケンの「メ」という音を取っての音訳。アメリカ国を指す「美国《メイクオ》」という中国語は、「美しい国」という意味ではない）に行なわれ、反《かえ》って故国（中国）に失《な》し。今の学ぶ者更《あらた》めてまさに故物（伝統）を光復し（取りもどし）、もって材を成すを求むべし」と。

第五章 「学ぶ」とは何か

民の事は民に聞け

〈民《たみ》と為政者《いせいしゃ》と〉という場合、選挙によって政治家（為政者）を選び出す制度のなかった時代のことであるから、その為政者とは今日で言えば行政官僚（司法や小範囲の立法を含む）に相当する。その頂点には、国の場合では国君（君主）、全体としては王（天子）がいる。しかし、王や国君は細かいことまで見ることはできないから、やはり実質は行政官僚とりわけ各部署の長官が為政者の具体像である。すると、〈民と為政者と〉とは、今日で言えば〈民と官と〉ということであろう。

ただし、それは孔子の生きていた古代中国の実情のことである。『論語』を古典（人類の知恵）として読むとき、「為政者」とは、現代社会の諸組織における幹部や指導者と広く理解すべきであろう。「民」は一般人である。

この「民」の字源は、白川静《しらかわしずか》によれば「〓」すなわち「目を刺している形」であり、視力を失った、神への奉仕者であり「臣」も同様であるという。この臣民は「君主に従属する者としての人民」である。ここから後に「民」は「たみ・ひと」の意味に用いられるようになったという。

こうした経緯から示されるように、民には従属者というイメージ（形象）がつきまとっている。また、己《おのれ》の幸福が第一であるので、実務経験の学習が第一であった。『論語』子路《しろ》篇（一三―四）にこういう話がある。

弟子の樊遅《はんち》が孔子に稼《か》（農耕方法）について学びたいと申し出たことがあった。将来、為政者となったときのために、当時の最重要産業である農業について知っておきたいと思ったからであろう。ところが孔子は、そういう方面のことは、私よりも手慣れた農民のほうがよく知っている、と答えている。

それはそうである。民の仕事は、民が最もよく知っている。だから、そうした技能・経験をしっかりと学べば、それによって生活することができる。

民の学ぶべきことは、生活者の知恵・技能・経験であり、知的世界は余分なものであった。たとえば文字を知らずとも生活に特に不便はなかったのである。

その意味では、わずらわしい人工的な〈知性の世界〉など拒否しようとする老荘《ろうそう》思想の気分は、民の生活の気分と一脈相通《あい》ずるものがある。

為政者の条件

しかし、民の生活を指導する官、換言すれば、民の幸福を考える為政者（民から富を収奪する搾取者などという単純な見かたは採《と》らない。少なくともまともな統治者は、民は人間社会の根本であるとする〈民本主義者〉である。古今東西を問わず)――道を志す者は、為政者でありたいという単なる願望だけでは志を果たすことはできない。当然、為政者としての条件が必要である。それは、為政者の仕事内容そのものに関わる。

その仕事内容は広汎であり、行政・司法・若干の立法すなわち三権のすべてに関わる。だから、たとえば徴税、道路や橋の整備、トラブルの刑事的解決、犯人の逮捕やその処罰、防犯に関すること等々、際限がない。

だが、共通するものがある。それは、記録を含めて文字を使いこなすことができなければ、こうした仕事を運営できないことである。まずなによりも文字に習熟していることだ。

さらに、外交官となって他国へ赴《おもむ》き相手国と応対するときや、教育を担当したり、政庁で政策論を闘わしたりするとき、拠《よ》りどころとして古典の素養が必要となる(一〇九ページ)。一方、国家的祭祀《さいし》や山川の神々を祭ったり多くの式典を実行するとき、儀礼に習熟していなければならない。

そこで、古典として詩(『詩経《しきょう》』)・書(『書経《しょきょう》』)を、あるいは儀礼・式典等のための礼楽《れいがく》を学ぶことが必要となる。いわゆる詩《し》・書《しょ》・礼《れい》・楽《がく》である。これらは、もちろん記録されたものである。もっとも、礼楽はその場で所作《しょさ》が消えてしまうものであり、当時はビデオも録音テープもない。しかし、ノートが残っていて『礼記《らいき》』(礼の記録)という文献となっている。その一篇に「楽記《がくき》」があり、音楽概論となっている。残念ながら音符は記されていないが、今後、考古学的発掘によって、それらに関する遺物が出土するかもしれない。

また、詩・書・礼・楽という科目のほか、六芸《りくげい》（礼・楽・射・御《ぎょ》・書・数）という科目があったとする考えもある。これに依《よ》れば、射（弓射）・御（馭《ぎょ》。馬に引かせる戦車において、その馬を馭す技術）という軍事訓練や、書（書写）・数（計数）といった実務的技能訓練もあった。当時の軍の司令官は文官がなることが多く、軍事的訓練（射・御）は為政者において必修であった。計数は、軍事に伴う徴税をはじめ、さまざまな場面で必要であった。

このように、為政者を志す者は、実務的にまず〈知〉の技術者でなくてはならなかった。文字、そして文章――ことばを使えない者は多数の民を統率することはできなかった。

しかし、農民の場合、その大半は文字につながる道はなかった。今日の中国でも、文字の読めない者は相当な人数であろう。ところが、孔子の場合、母が儒《じゅ》集団の一員であった。儒は前述（八六ページ）したように、知識人集団であった。孔子は幼いとき、儒たちの儀式を見てその真似をしていたという。当然、儒たちが使っていた漢字に親しむ機会があっただろう。初歩的とはいえ、この文字の知識や儀礼感覚が孔子の生きてゆく武器となったのである。一般農民のほとんどは文字を知らないのであるから、少しでも文字を知っているのは、たいした事であった。

〈学ぶ〉と〈思う〉と

本章に収めた文は、学ぶことに関するものである。

そこに大きく分けて二つの方向が見られる。一つは、たとえば「生まれながらにして之《これ》を知る者は、上《じょう》なり。……」（一〇八ページ）、あるいは「中人以上《ちゅうじん》は、以《もっ》て上《かみ》を語《つ》ぐ可《べ》きなり。……」（一一四ページ）といった部類である。

これを要するに、学ぶ者の能力には序列があるということである。

これは厳しい現実であるが、事実であり、今日に至ってもそれは変わらない。人間の世界における真実である。それを孔子は見逃さなかった。人間の幸福を考え、そのために働くと言うならば、その人間とはどういうものであるのかということについて、しっかりとした見解を持つことがなければ始まらないではないか。

その際、人々に対する余分な感傷や甘えや追従《ついしょう》は不要であった。曖昧《あいまい》な形での人間肯定をしたが最後、困ったこと、驚くべきことなどにぶつかったとき、その人間観はぐらついてしまう。それでは人間の諸問題を解決できないことになる。

そうした〈学ぶ〉ことについて、ただ学ぶだけではなくて、知の世界では〈考える〉こと、すなわち〈思う〉ことが同時に必要である。もっとも、「吾嘗《われかつ》て終日《しゅうじつ》……以《もっ》て思うも益《えき》無し」（一〇六ページ）とあるように、〈思う〉ことが万能ではない。そのため、「学びて思わざれば、則《すなわ》ち罔《くら》し。思いて学ばざれば、則ち殆《あや》うし」（四二ページ）と、〈学ぶ〉と〈思う〉との両者の関係を示している。

知性の鍛錬と徳性の涵養と

もう一つの方向は、〈学ぶ〉内容は、知的世界だけではないという考えかたである。たとえば「古《いにしえ》の学ぶ者は己《おのれ》の為《ため》にし、今の学ぶ者は人の為にす」（一一三ページ）。

この文を読むと「人の為に学ぶ」すなわち「他人《ひと》の幸福の為に役立つようなものを学ぶ」ならいいではないか、「自分の為だけ、自分の幸福の為だけに学ぶ」ことこそ、狭い料簡《りょうけん》ではないか、と理解しそうである。だが、この文はそういう意味ではない。この文の現代語訳に示しているように、「己の為に」とは「自己を鍛《きた》えるために」、「人の為に」とは「他人から名声を得るために」という意味なのである。

こうした「己の為に」とは、己の道徳的充実を図る修養ということであって、単なる知的技術者に終わらないことが大切だという主張である。

これは重要である。学ぶとは、まずは知性を磨くことではあるが、そこにとどまらず、その上に徳性を磨くことだと言う。

ここには、孔子の教育観がよく表れている。すなわち、教育は単なる知的技術者を造ることが目的なのではなくて、知性に徳性を加えた人間を造ることであるとする立場である。

教育は人間を造ることが目的であり、その人間とは、知性と徳性とを備えた者のことである。その具体像とは、人間社会の規範（礼）を身につけた者である。

すると、他者の幸福を実現するために志を立て、為政者《いせいしゃ》となるために〈学ぶ〉こととは、まず知性の鍛錬であり、延《ひ》いては徳性の涵養《かんよう》であった。

しかし、それは言うは易く、実現はなかなか難しい。孔子の学校に集まった弟子たちにおいて、それを実現できた者は多くなかった。それどころか、早く為政者の地位に就職したいという者もいた。もちろん、孔子の推薦を受けてである。そのような人物の場合、詩・書・礼・楽の実地訓練のようなものに関心があり、知的技能が身につけばそれでよいと考えていた。

これに対して孔子は批判的であり、知性の鍛錬だけに終わっている者を嫌い、徳性の涵養にも努めている人材を良しとした。そこで孔子は両者の区別をしたのである。〈君子〉と〈小人《しょうじん》〉とというふうに。

この両者の問題については、次章において述べることといたししたい。

❖　❖　❖

一　子《し》曰《いわ》く、吾《われ》嘗《かつ》て終日《しゅうじつ》食らわず、終夜《しゅうや》寝ねず、以《もっ》て思《おも》うも益無《えきな》し。学《まな》ぶに如《し》かざるなり。

子曰、吾嘗終日不ㇾ食、終夜不ㇾ寝、以思無ㇾ益。不ㇾ如ㇾ学也。

（衛霊公《えいれいこう》篇一五―三一）

【現代語訳】

老先生の教え。私は、一日中食べることもせず、一晩中眠ることもせず、ひたすら考え続けたが、得るところがなかった。それよりは、学習することだ。

【参考】

四二ページの「子曰く、学びて思わざれば……」を参照。

二　子曰《しいわ》く、我《われ》は生《う》まれながらにして之《これ》を知《し》る者《もの》にあらず。古《いにしえ》を好《この》み、敏《びん》にして以《もっ》て之を求《もと》めたる者なり。

子曰、我非㆓生而知㆑之者㆒。好㆑古、敏以求㆑之者也。

（述而《じゅつじ》篇七―一九）

【現代語訳】

老先生の教え。〔他人《ひと》はいざ知らず、〕この私は、生まれついたときから、ものの道理や知識が分かっていた人間ではない。古典・古制・古道が好きであり、それをすぐ学ぶことを実践し、ものの道理を求め得た人間である。

【参考】

中国人には、超越的な人間の存在という発想はない。いかにすぐれた人でもあくまでも人間の内の一人にすぎない。「聖人」という理想像も、学んで必ずそこに至りうる人間なのである。こうした人間像は、現実的であり即物的思考を行なう中国人にとって必然的であった。この文はまさにそれを述べたものである。

三　孔子《こうし》曰《いわ》く、生《う》まれながらにして之《これ》を知《し》る者《もの》は、上《じょう》なり。学《まな》びて之を知る者は、次《つぎ》なり。困《くる》しみて之を学ぶものは、又其《またそ》の次なり。困しみて学ばざる、民《たみ》斯《こ》れ下《げ》と為《な》す。

孔子曰、生而知レ之者、上也。学而知レ之者、次也。困而学レ之、又其次也。困而不レ学、民斯為レ下矣。

（季氏《きし》篇一六―九）

【現代語訳】孔先生の教え。生まれつき道徳（人の道）を理解している人間が、最高である。学ぶことによって〔すぐに〕道徳を理解する者は、それに次《つ》ぐ。〔すぐにではなくて〕努力して道徳を学ぶ者は、さらにそれに次ぐ。努力はするものの〔結局〕道徳を学ぼうとしない、そういう人々、これは最低である。

【参考】孔子は教育好きであるが、教育がどのような人をも無限に向上させるとは考えなかった。すなわち、能力に差があることをはっきりと認めている。この文は「中人《ちゅうじん》以上は、以《もっ》て上《かみ》を語《つ》ぐ可《べ》きなり。中人以下は、以て上を語ぐ可からず」（一一四ページ）という文の意味と同じである。ただし、教育（教師の側の努力）に限界はあっても、学習（学生の側の努力）には、その意欲があるかぎり限界をつけようとはしなかった。「憤《ふん》」し、「悱《ひ》」すかぎり（二一六ページ、「啓発」の語源）、可能性があるとする。

四　子《し》曰《いわ》く、詩《し》を誦《しょう》すること三百《さんびゃく》、之《これ》に授《さず》くるに政《まつりごと》を以《もっ》てして達《たっ》せず、四方《しほう》に使《つか》いして、専対《せんたい》する能《あた》わざれば、多《おお》しと雖《いえど》も、亦奚《またなに》を以て為《な》さんや、と。

子曰、誦レ詩三百、授レ之以レ政不レ達、使二於四方一、不レ能二専対一、雖レ多、亦奚以為。

（子路篇一三-五）

【現代語訳】

老先生の教え。「（古典の『詩経』の）詩を三百篇も暗誦するほど知識が多くあるものの、内政を担当しても〔詩の精神を生かしつつ〕達成することがなく、外交を担当しても〔詩を駆使しつつ〕相手と渡《わた》り合《あ》う（専対）ことができなくては、〔詩の中身が分かっていないのであって、形式上〕多く暗誦しているとしても、それは取るに足らない」と。

【参考】

孔子には、学問のための学問という考えはなかった。あくまでも人生（生活・人間）のための学問である。だから、たとえば、礼楽はまず何よりも技術として存在し、その次に、その精神性が付与される。

同じく、『詩（詩経）』『書（書経）』という文献も、単なる知識としてではなくて、それが活学として有効に使われなければならなかった。大切なことは、文献について物知りになるということではなくて、それを現実社会に生かすことであった。

『礼記』学記篇に「記問の学、もって人の師となすに足らず」ということばがある。「記問の学」とは、いろいろな知識を暗記していて、人から用例を問われると答えるような学のことを言う。こういう「記問の学」者は、自分では何も物ごとを考えることができず、ただ物知りであるというだけのことであって、こういう人物は、人間や社会の指導者（師匠）として不適であるということを意味する。この文と対にしてもいいであろう。

五 子《し》曰《いわ》く、君子《くんし》は食《しょく》に飽《あ》くるを求《もと》むること無《な》く、居《お》るに安《やす》きを求むること無し。事《こと》に敏《びん》に、言《げん》に慎《つつし》み、有道《ゆうどう》に就《つ》きて正《ただ》す。学《がく》を好《この》むと謂《い》う可《べ》きのみ。

子曰、君子食無レ求レ飽、居無レ求レ安。敏二於事一、而慎二於言一、就二有道一而正焉。可レ謂レ好レ学也已。

（学而《がくじ》篇一―一四）

【現代語訳】

老先生の教え。教養人は腹いっぱいの美食を求めたり、豪華で心地よい邸宅に住みたいなどとは思わない。なすべき仕事はすばやくこなす。しかし、ことばは少なくして出しゃばらない。もし意見があれば、まず優れた人格者（有道）を訪れ、正していただくようにする。こういう人をこそ〈好学の士〉と言うのだ。

【参考】

『論語』は語録であり、当時の口語体をもととしている。だから文末の語気は微妙な気持ちを残している。この章の最後の「也已」は言いきった感じである。こういう語気は、記録する者によって次のようにいろいろな形で記される。

武内義雄の『論語義疏《ろんごぎそ》校勘記』（『武内義雄全集』第一巻、角川書店、昭和五十三年所収）では、「也已矣」（篁墩《こうとん》本など）、あるいは「也矣已」（文明本など）。また阮元《げんげん》『論語注疏《ちゅうそ》校勘記』に拠《よ》れば漢石経《かんせきけい》では「已矣」、韓愈《かんゆ》の『論語筆解』本では「也矣」である。

六　子夏《しか》曰《いわ》く、賢《けん》を賢として色《いろ》を易《かろ》んじ、父母《ふぼ》に事《つか》えて能《よ》く其《そ》の力《ちから》を竭《つ》くし、君《きみ》に事えて能く其の身《み》を致《いた》し、朋友《ほうゆう》と交《まじ》わり、言《い》いて信有《しんあ》らば、未《いま》だ学《まな》ばずと曰《い》うと雖《いえど》も、吾《われ》は必《かなら》ず之《これ》を学びたりと謂《い》わん。

子夏曰、賢㆑賢易㆑色、事㆓父母㆒能竭㆓其力㆒、事㆑君能致㆓其身㆒、与㆓朋友㆒交、言而有㆑信、雖㆑曰㆑未㆑学、吾必謂㆓之学㆒矣。

（学而篇一―七）

【現代語訳】

門人の子夏《しか》のことば。夫婦はたがいに相手の良いところを見出してゆくことが第一であり、容姿（色）などは二の次だ。次に、父母にお仕えするときは、自分にできることの限りを尽くし、一方、主君にお仕えするときは、まごころを尽くし、友人と交わるときは、ことばと行動とが一致するよう信義を守る。もしそういう人柄であれば、たといその人が「いや、自分のような者はまだまだです」と言ったとしても、私はもう十分に教養人であると考える。

【参考】

子夏ともう一人の有名な高弟、曾参《そうしん》とは、傾向が大きく異なっていた。曾参が心や実践を重んじた内省派であったのに対して、子夏は知識の伝達を重視したようである。もちろん、片一方だけということはなく、曾参も知識の学習に熱心ではあっただろう。

ただ、系統から言えば、曾参の系統から後に孟子《もうし》が出てくる。一方、子夏の系統から荀子《じゅんし》が出てくる。たとえば、孟子はどちらかと言えば、内面的なものを主体として良心を重視し、内からの善化を重んじる性善説となる。荀子はどちらかと言えば、外面的なものを主体として、礼制を重視し、外からの教化力を重んじる性悪説となっていった。

七　子《し》曰《いわ》く、道《みち》に聴《き》きて塗《みち》に説《と》くは、徳《とく》を之《こ》れ　　子曰、道聴而塗説、徳之棄也。

棄《す》つるなり。（陽貨《ようか》篇一七―一二）

【現代語訳】

老先生の教え。受け売りするのは〔無責任であり〕、自分で不道徳となってしまうことだ。


【参考】

歩きながら聞いたことを、同じく歩きながら人に話して聞かすというような、自分がしっかりと理解しないままの受け売り、後の荀子はその浅薄《せんぱく》さを「口耳《こうじ》の学」と言った。『荀子』勧学篇「小人《しょうじん》の学や、耳に入れれば口に出《いだ》す。口耳の間は則ち四寸のみ。いずくんぞ以て七尺の軀《からだ》を美《よ》くするに足らんや」。

八　子《し》曰《いわ》く、古《いにしえ》の学《まな》ぶ者《もの》は己《おのれ》の為《ため》にし、今《いま》の学ぶ者は人《ひと》の為にす。

子曰、古之学者為レ己、今之学者為レ人。（憲問《けんもん》篇一四―二四）

【現代語訳】

老先生の教え。昔の学徒は、自己を鍛《きた》えるために学ぶことに努めていた。今の学徒は、他人から名声を得るために学び努めている。

【参考】

この文はよく誤解される。通解は現代語訳に示すとおりなのであるが、逆の意味に理解されることがある。すなわち、「己のため」を「己の修養のため」でなくて「己の利益のため」、「人のため」を「他人に知られるため」でなくて「他人の幸福のため」というふうに。

孔子の場合、実は若いころは、この文で言う「己のため」よりも、「人のため」にしていたところがある。しかし、通解のような意味で孔子が言ったとすれば、それは確実に二十代から三十代前半期のころではない。

九　子曰《しいわ》く、中人以上《ちゅうじんいじょう》は、以《もっ》て上《かみ》を語《つ》ぐ可《べ》きなり。中人以下は、以て上を語ぐ可からず。

子曰、中人以上、可㆓以語㆒上也。
中人以下、不㆑可㆓以語㆒上也。
（雍也《ようや》篇六―二一）

【現代語訳】

老先生の教え。〔人物を上・中・下に区分したとき〕中級以上の者には、高度なことを教える（しかと語《つ》ぐ）ことができる。しかし、中級以下の者には、高度なことを教えることはできない。

【参考】

①孔子は、人間に能力の差があることをはっきりと認めている。初等的段階はともかく、ある程度以上になったときは、もはや教育に限界があり、その後は、もって生まれた天賦の能力に由るとする。これは、教育者として、本音をしっかりと言っている。教育すれば、どのような人間でも無限に向上するなどという空虚なことを、孔子は教育者として、また人間観として言わなかったのである。

②江戸時代の中井履軒『論語逢原《ほうげん》』は、「民可レ使レ由レ之。不レ可レ使レ知レ之」（民は之《これ》に由《よ》ら使《し》む可《べ》し。之を知ら使む可からず。七九ページ）と語気がちょうど同じであるとする。文体の角度からの分析として鋭い指摘である。

③中国・南北朝の皇侃《おうがん》『論語義疏』は上上《じょうのじょう》・上中《じょうのちゅう》・上下《じょうのげ》・中上・中中・中下・下上・下中・下下と九つに分ける。この解釈は、中国の魏《ぎ》王朝に始まる九品中正法《きゅうひんちゅうせいほう》（九品官人法）という、官僚をランクづける制度の意識を反映したものと考える。

＊五十沢二郎訳「ほんとうの事はある高さまで来ないとわからない。その高さまで来ない者にほんとうの事を説いてもむだなものである」。

一〇　子《し》曰《いわ》く、性《せい》相近《あいちか》し。習《なら》い相遠《とお》し。子曰く、唯上知《ただじょうち》と下愚《かぐ》とは、移《うつ》らず。

子曰、性相近也。習相遠也。子曰、唯上知与二下愚一、不レ移。

（陽貨篇一七―二）

【現代語訳】

老先生の教え。〔人間は〕先天的（性質）には差はない。後天的（習性）に差が生まれてくるのだ。老先生の教え。〔しかし、例外がある。〕天才と凡人とは、どのようにしてもその差は埋められない。

【参考】

「性」は性質すなわち先天的なもの、「習」は習性すなわち後天的なものである。

＊五十沢二郎訳「同じ天性に生れついているのである。違うのは人々の習性である」。

二　樊遅《はんち》知《ち》を問《と》う。子《し》曰《いわ》く、民《たみ》の義《ぎ》を務《つと》め、鬼神《きしん》を敬《けい》して之《これ》を遠《とお》ざくれば、知と謂《い》う可《べ》し、と。仁《じん》を問う。曰く、仁とは、難《かた》きを先《さき》にし獲《う》るを後《あと》にす。仁と謂う可し、と。

樊遅問レ知。子曰、務二民之義一、敬二鬼神一而遠レ之、可レ謂レ知矣。問レ仁。曰、仁者、先レ難而後レ獲。可レ謂レ仁矣。（雍也篇六―二二）

【現代語訳】

〔弟子の〕樊遅《はんち》が、知者《ちしゃ》（賢人）とは何ですかと質問した。老先生はこうお答えになった。「民としてあるべき規範（義）を身につけるように努力し、神霊（鬼神）を尊び俗化しない。そうであれば知者と言える」と。すると続いて、仁者《じんしゃ》（人格者）とは何ですかと質問した。老先生はおっしゃった。「仁者は、過程（困難への取り組み）を第一とし、結果は第二とする。〔そうであるのを〕仁者と言うことができる」と。

【参考】

孔子の宗教意識（本書第十一章を必ず参照）がどのようなものであったかを論ずるとき、欠かせない資料となるのが、この文の「敬遠」の意味である。

私は後漢時代の包咸《ほうかん》の「鬼神を敬して黷《けが》さず」とする解釈が最も自然であり穏当であると考える。

＊「務㆓民之義㆒……可㆑謂㆑知矣」の五十沢二郎訳「義務を果たし、天命を知って、僥倖《ぎょうこう》をあてにしないものは知者といえる」。

三　子夏《しか》曰《いわ》く、博《ひろ》く学《まな》んで篤《あつ》く志《しる》し、切《せつ》に問《と》うて近《ちか》く思《おも》う。仁《じん》其《そ》の中《なか》に在《あ》り。

子夏曰、博学而篤志、切問而近思。仁在㆓其中㆒矣。

（子張《しちょう》篇一九―六）

【現代語訳】

子夏《しか》のことば。知識を広めて十分に記憶し（「志」は「誌」）、〔発憤して〕問題を立てては、自分の分からないことを解こうとする（近思）。〔われわれが目的とする〕人の道（仁）はその中に在る。

【参考】

子夏は孔子の弟子の中で、いわゆる学者型であった。学芸知識の中でも、最も『詩経』に詳《くわ》しかったらしい。孔子は子夏と詩について論じ合い、「予《よ》を起こす者は商《しょう》（子夏の名）なり。始めて与《とも》に詩を言う可《べ》きのみ」（『論語』八佾《はちいつ》篇三－八）と評し、褒めている。そこから来た伝説であろうか、『詩経』の序の撰者として、古くから子夏の名が挙げられている。もっとも撰者には諸説あって真相はまだ定かではない。

三　子《し》曰《いわ》く、苟《まこと》に仁《じん》に志《こころざ》さば、悪無《あくな》きなり。　子曰、苟志二於仁一矣、無レ悪也。

（里仁《りじん》篇四－四）

【現代語訳】

老先生の教え。ひたすら仁愛の道を志すならば、けっして悪を行なうことはない。

【参考】

「苟」を「誠」と解釈するのは、「大学」の「苟《まこと》に日に新たにして」の「苟」と同じと解釈するからである。もっとも、伊藤仁斎は「纔《わずか》に」と解し、「人の心の向かうところが、わずかであっても仁の方であったならば」と解釈している。安井息軒《やすいそっけん》は「仮りそめにでも仁に志せば、たとい過失があっても」と解釈している。

一四　子曰《しいわ》く、唯仁者《ただじんしゃ》のみ能《よ》く人《ひと》を好《この》み、能く人を悪《にく》む。

子曰、唯仁者能好レ人、能悪レ人。

（里仁篇四―三）

【現代語訳】

老先生の教え。心ある人（仁者）だけが〔公平なので〕善い人は善い人とし、悪い人は悪い人と見きわめることができる。

【参考】

『大学』に「民の好《この》むところは之《これ》を好み、民の悪《にく》むところは之を悪む」とある。

＊五十沢二郎訳「ただ、真理に忠実な者のみが、人を愛し、人を憎んで謬《あやま》らない」。

第六章　教養人と知識人と

徳性をどう評価するか

私の本棚にある小冊子の『学籍簿性行概評身体状況用語例集』（教養研究会編集・発行、昭和十五年）は、小学校教員だった亡父の遺品である。この本には児童の学籍簿に成績を記入することばを選ぶときのための評語が集められており、またその例文が示されている。対象は児童用だが、なかなかよくできているので、私は、現役大学教員時代、弟子の推薦書を書いたりするときによく利用した便利な本である。

たとえば、学習に対する熱意という場合、「熱心・熱中・没頭・専心・一念・凝念・出《しゅっ》精《せい》・孳《じ》々《じ》・孜《し》々《し》・真剣・辛苦・辛勤・力勉・誠勉・篤勉・惜陰……」とある。

そしてその例文に「一、学習態度極《きわ》メテ真摯《しんし》ナリ。一、自覚アル学習ヲナシテ常ニ級友ヲ指導ス」「一、学習ニ精出ス」「一、研究心強ク些事《さじ》ニモ全力ヲ傾注ス。……」とある。

また徳性の方面について、たとえばその人柄の場合、「慈愛・慈恕・慈心・慈恵……」とか、その例文に「一、資性慈仁」「一、級友ニ親切ニシテ人望益〻高シ」「一、慈愛ノ念ニ富ム。……」とある。

小学生の学業評価として、いわゆる教科（知）と行動（徳）との両面から見ている。これは今日でも同様であろう。

この本は書名に記すように、「性行概評・身体状況」についてであり、その内の「性行概評」の記述が教員にとってなかなか困難であったところから生まれたもののようである。つまりは、児童の徳性方面の観察後、その評価の表現が困難であるということだ。

それはそうである。教科（知）はいわゆるテストによって点数が出て結果を得やすいが、徳性はテストになじまず、日ごろの観察に基づくほかはない。これはなかなか大変である。

この徳性は、なにか高度の道徳的なもののように受けとられやすいが、それは固定観念である。すなわち、道徳ということばを聞いた瞬間、完全な人格、利己的欲望の一切を断った人間、悪いことは何一つしない人……という風なイメージ（形象）を描きやすい。極端な道徳者の像である。それはおかしい。たとえば、教科（知）の場合、仮に英語であるとしよう。そのテストは百点満点から零点《れいてん》に至るまで百一種の結果があることになる。人によっては七十五点、あるいは五十八点となることについて、だれも疑わない。にもかかわらず、道徳についてとなると、百点か零点かの二種と考えがちである。

そのようなことはない。道徳的行動こそ、微妙な色合《いろあい》があり、教科的（知的）テストと同様に、百点満点から一点ずつ下がって零点に至るまで百一種の多様な評価があって当然なのである。

つまり、道徳的ありかたを身につけるには、教科テストと同じく、訓練があり、復習があり、向上の機会があるのだ。

知徳の合一が為政者の条件

孔子の弟子たちがそうであった。彼らは詩《し》・書《しょ》・礼《れい》・楽《がく》や礼・楽・射・御《ぎょ》・書・数の訓練（一〇二〜一〇三ページ）のほか、道徳的訓練もまた行なっていたのである。ただし、道徳的訓練にゴールインはない。一生続ける訓練なのである。

孔子は、知的訓練に加えて道徳的訓練を行なった。両者は、孔子の理想から言えば、どちらが欠けてもだめなのである。

私の見るところ、「小人《しょうじん》」は知的訓練のみに終わっている知識人、「君子《くんし》」は、知的訓練と道徳的訓練との両者をこなしきれた人、すなわち教養人ということであろう。

念のために言えば、「教養がある」と言うとき、日本語においては知識の豊かな人、いろいろなことを知っている人というふうに理解されやすい。そうではなくて、中国におけるように、知識人であって同時に道徳的な人を指して教養人と言うべきである。私はそのような意味として使っている。

そこで私は、君子を教養人、小人を知識人と訳しているのである。この訳語方式で、本章中の〈君子と小人とを対比した文〉を読んでいただきたい。

さて、為政者《いせいしゃ》に二種類があり、君子と小人とに分かれる。その君子としての為政者養成が孔子の目標だったのである。

従来、君子はりっぱな人、小人はつまらない人と訳されているが、なにがりっぱで、なにがつまらないのかがよく分からない。あるいは、君子は君子のまま、小人は小人のままにしている口語訳が多いが、これではいくら読んでも明晰《めいせき》さがなく、日本語訳とは言えない。

なお、加藤常賢《かとうじょうけん》の解釈では、かつて儒《じゅ》集団のメンバーには身体障害者が多く、背骨《せぼね》の湾曲している姿から「小人《しょうじん》」と称したとする（古代の生活において、太陽光の少ない北方、かつビタミンDの不足による骨格発達の不十分などが一つの理由）。しかし、この解釈は必ずしも通説ではない。というのは、儒集団の実態は今も研究が進行中であり、今後、さらに検討を要するからである。

やはり、孔子が再構成し理論化したのは、為政者集団の中における〈為政者のありかた〉としての〈君子・小人〉であると私は解する。その場合、孔子の基準では、徳があるのかどうかという評価が決定的である。有徳者《ゆうとくしゃ》となってはじめて民の模範となるのであり、それが民を率いることのできる重要条件だったのである。

君子について、さらに付け加えたい。先述のように、道徳的と言っても完全な人間はこの世にほとんどいない。いくつかの項目に分けて評価し、項目それぞれが百点満点の内の何点かであるにすぎない。この項目は、具体的には、人間性とか人格とか、といったものである。すると人間を磨くという訓練になるだろう。それは〈修養〉である。

そうした道徳的訓練は、実は知的訓練と別個のものではなくて、相当部分は知的訓練のとき、同時に道徳的訓練がなされているのである。

たとえば、弓射の訓練の場合、軍事的には中《あた》れば中《あた》るほど良いはずである。それを武射《ぶしや》という。ところが、いま一つ礼射《れいしや》というものがあり、音楽に合わせた作法で礼式として射る。それは、「射は主皮《しゆひ》（的《まと》に中《あ》てる）せず」（『論語』八佾《はちいつ》篇三―一六）という。すなわち、他者との競争が目的の弓射ではなくて、その精神を鍛《きた》え、他者との礼節を重視することが大切だと言う。これが〈学ぶこと〉の「己《おのれ》の為《ため》にし」人の為にせず（一一三ページ）の展開された形と言えよう。

小人を量産する日本の大学

しかし、現代日本の教育を見ると、なるほど人間教育とか人格の完成とかを目的とするとは言っているものの、それは、ほとんど口先にすぎず、現実は、知的訓練（それも実は知識集積）ということが中心となっている。これは小学校から大学に至るまで一貫している。とりわけ大学教育はほとんど知的訓練だけである。もっとも、近ごろはその知的訓練すら十分に行なわれているのかどうか、怪しいのではあるが。

ともあれ、日本の学校は知的訓練中心である。その意味では多くの知識人を社会に送り出してきた点では成功している。

しかし、それを『論語』の立場から見れば、小人を送り出したことになる。すなわち、日本の学校、特に大学は小人養成学校と化していると言ってよいであろう。

その結果ははっきりしている。社会に出た大学生は社会人となりきれずに会社を辞《や》めてゆく者が多いし、社会人となっても不祥事が多発しているではないか。徳性を有し、学校卒業後も徳性を鍛え続けようとする人物は数えるほどしかいないではないか。それに反して、外国語会話塾とかパソコン塾とかといった知的訓練場は繁昌している。

徳性の訓練と言っても、なにも難しいことではない。坐禅でもしようかなどという必要はない。すぐ近くの愛すべき人を愛することから始めるだけのことなのである。たとえば親。親を十分に愛していると自信を持って言える人は何人いるであろうか。配偶者を愛し、子を愛している人は何人いるのであろうか。親・配偶者・子、この三者を十分に愛することによって、世の犯罪の大半は消えるであろう。世の経済的困難の大半は解決できるであろう。社会的なトラブルの大半は起こらないであろう。政治的安定は保たれるであろう。当然、それは国防につながるのである。「身を修《おさ》めて而《しか》る后《のち》に家斉《ととの》い、家斉いて而る后に国治《おさ》まり、国治まりて而る后に天下平《たい》らかなり」（『礼記《らいき》』大学篇）——修身《しゅうしん》・斉家《せいか》・治国《ちこく》・平天下《へいてんか》とは、そういうことなのである。

しかし現実は、親・配偶者・子を愛すという基本的な手近なことすら十分にできていない

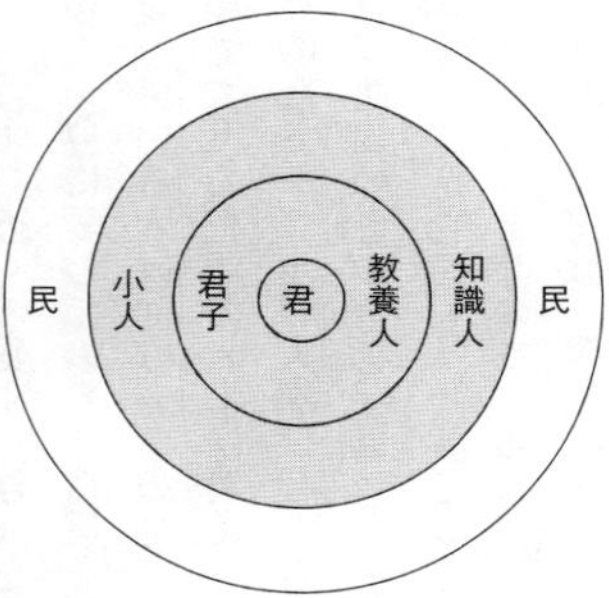

君子と小人（網点部が為政者・行政官）

のである。そういう人間が坐禅に走ってもしかたがない。「道は爾《ちか》きに在《あ》り。而《しか》るに諸《これ》を遠きに求む」（『孟子《もうじ》』離婁《りろう》上篇）のが知識人である。身近な問題を解決することもできないのに、やたらと欧米の宗教や哲学が言う難しげな理論を学び紹介する知識人が多い。「切《せつ》に問《と》うて近く思う。仁《じん》其《そ》の中に在《あ》り」（一一七ページ）という文の「近く」には、深い意味があると考えるべきであろう。

徳性を磨くとは

世界に平和をとか、世界の貧しい人を救おうとか、差別をなくし人権を守ろう……といった大きなテーマは抽象的であり、どうしてよいのか分かりにくい。そのようなことで悩むよりも、自分が今すぐにでも可能な身辺の問題について徳性を磨くべきであろう。たとえば、飲料を飲《の》み干《ほ》したあとのペットボトルをそのへんに放置しないとか、列車やバスに乗れば老人や妊婦に席を譲るとか、並んだ列を乱さないとか……いくらでも身辺に徳性を磨く機会があるではないか。しかし、そのことすら実行できない知識人がどれほど多くいることであろうか。これもみな、日本の教育すなわち小人《しょうじん》養成学校卒業の結果ということであろう。

本章には、君子《くんし》と小人との関係を示す文を集めている。私は、君子を教養人（生涯を通じて知性と徳性とをともに磨こうとする人）、小人を知識人（知的訓練をもって世の最高と勘ちがいしている人。特に大学卒業生など高学歴者に多い）と現代日本語訳した。もしこの訳語に疑義を抱く人は、ではどういう訳語にするのか、またその理由は何かということをみずから明らかにすべきである。そういう態度なくして、どのように私の訳語を否定することができるであろうか。

実を言えば、拙著『論語　全訳注』の執筆中、最も苦しんだのはこの「君子・小人」の現代語訳であった。その訳語として「教養人・知識人」にたどりつくまで、十年以上の歳月を要したのであった。これは私が創造した訳語である。もちろん、それは『論語』全体の本質を読み切ったという成果の上に立ったものであることは言うまでもない。

自分の幸福をのみ求める人（民）、他者の幸福を考える人（志のある者。士）、それは民と君主を頂点とする為政者集団との関係である。そして為政者の中に君子と小人とがある。君子・小人問題は、民の中にはない。その関係を右ページに図示しておこう。

❖　❖　❖

一　子《し》　子夏《しか》に謂《い》いて曰《いわ》く、女《なんじ》　君子《くんし》儒《じゅ》と為《な》れ、小人《しょうじん》儒と為《な》る無かれ、と。

子謂㆓子夏㆒曰、女為㆓君子儒㆒、無㆑為㆓小人儒㆒。（雍也《ようや》篇六―一三）

【現代語訳】

老先生が子夏《しか》に教えられた。「教養人（君子）であれ。知識人（小人）に終わるなかれ」と。

【参考】

原儒集団は、大儒（親分）が小儒（子分）を指揮するという構造になっていた。いろいろな祈禱《きとう》の担当の中で、喪（葬）礼の担当者でもある原儒集団にとって、喪礼は重要な収入源である。その際、大儒は小儒に対して支配的指導を行なっていたことであろうが、その地位を支えるものの一つは、礼（当然、音楽も含まれる）の専門家であったことである。こうした知識や秘儀の伝承を独占的に行なっていたからこそ、小儒を支配できたのであろう。

さて孔子は、こうした原儒系礼楽（小儀礼）をも吸収し、一方、都への留学によって学び得た国家的礼楽（大儀礼）を柱とする儒教体系を構成していった人物であるが、孔子において重視されていたのは、大儀礼である。なぜなら、行政家として社会に活躍するためには、小儀礼はもちろんのこと、大儀礼に習熟する必要があったからである。この大儀礼中心の儒が君子儒であり、小儀礼中心の儒が小人儒であると考える。

二　子夏《しか》曰《いわ》く、小人《しょうじん》の過《あやま》つや、必《かなら》ず文《かざ》る。　子夏曰、小人之過也、必文。

（子張《しちょう》篇一九‐八）

【現代語訳】

子《し》夏《か》のことば。知識人は過失があると、必ず言いわけをする。


【参考】

『史記』孔子世家に、斉《せい》国の群臣が、主君の景公に対して言うには、「君子は〔自己に〕過ち有れば、則ち謝するに〔実〕質（まこと）を以てし、小人は過ち有れば、則ち謝するに文（飾・言いわけ）を以てす」とある。

三　子《し》貢《こう》曰《いわ》く、君子《くんし》の過《あやま》ちや、日月《じつげつ》の食《みちかけ》の如《ごと》し。過《あやま》つや人皆之《ひとみなこれ》を見《み》る。更《あらた》むるや、人皆之を仰《あお》ぐ。

子貢曰、君子之過也、如㆓日月之食㆒焉。過也人皆見㆑之。更也、人皆仰㆑之。　（子張篇一九―二一）

【現代語訳】

子《し》貢《こう》のことば。教養人の過《あやま》ちは、日食や月食の姿のようにはっきりとしており、隠したりしない。過てば人々はみな知っている。しかし、すぐ改めるので、人々はみな〔侮《あなど》るどころか〕かえって尊敬する。

【参考】

前文一二八ページの「子夏曰く、小人の過つや、必ず文《かざ》る」参照。

四　子曰《しいわ》く、君子《くんし》は上達《じょうたつ》し、小人《しょうじん》は下達《かたつ》す。

子曰、君子上達、小人下達。

（憲問《けんもん》篇一四—二三）

【現代語訳】

老先生の教え。教養人は根本や全体（上）が分かる。知識人は末端や部分（下）について知っている。

【参考】

異説を紹介する。伊藤仁斎は「上」を道徳仁義、「下」を流俗鄙賤《ひせん》の事と解し、江戸時代の太宰春台《だざいしゅんだい》は「上達・下達はなお上交・下交のごとし」、幕末・明治時代の安井息軒は、「上達」を顕達、「下達」を陰達、というふうに述べている。

*五十沢二郎訳「その賢さの故に、賢者はますます賢くなる。が、その愚かさの故に愚者はいよいよ愚かになる」。

五　子曰《しいわ》く、君子《くんし》は徳《とく》を懐《おも》い、小人《しょうじん》は土《ど》を懐

子曰、君子懐レ徳、小人懐レ土。

う。君子は刑《けい》を懐い、小人は恵《めぐ》みを懐う。

君子懐レ刑、小人懐レ恵。（里仁《りじん》篇四―一一）

【現代語訳】

老先生の教え。教養人は善《よ》く生きたい（徳）と願うが、知識人は〔地位や豊かな生活の〕安泰（土）を願う。教養人は責任を取る（刑）覚悟をするが、知識人は〔お目《め》こぼし（恵）で〕なんとか逃れたいと思う。


【参考】

「刑」は、約束を守ることを求めることであり、「恵」は恩恵に浴することを求めることであるから、今日で言えば、大きくは、「刑」は義務、「恵」は権利という意識につながってゆくであろう。

六　子《し》曰《いわ》く、君子《くんし》は諸《これ》を己《おのれ》に求《もと》め、小人《しょうじん》は諸を人《ひと》に求む。

子曰、君子求二諸己一、小人求二諸人一。（衛霊公《えいれいこう》篇一五―二一）

【現代語訳】

老先生の教え。教養人は責任を自分に求めるが、知識人は責任を他者に求める。

【参考】

魏《ぎ》の何《か》晏《あん》は「求」を「責」と解し、「君子は己《おのれ》を責め、小人は人を責む」と解釈している。「古《いにしえ》の学ぶ者は己の為にし、今の学ぶ者は人の為にす」（一一三ページ）参照。

七　子《し》曰《いわ》く、君子《くんし》は人《ひと》の美《び》を成《な》す。人の悪《あく》を成さず。小人《しょうじん》は是《これ》に反《はん》す。

子曰、君子成二人之美一。不レ成二人之悪一。小人反レ是。

（顔淵《がんえん》篇一二—一六）


【現代語訳】

老先生の教え。教養人は、他者の美徳を〔褒《ほ》めて勧め、さらに高めて〕達成させるし、〔もし〕悪名があれば〔忠告してやめさせ〕それを消滅させる。知識人はこれとまったく逆のことをする。


【参考】

「成」は、「成就・完成」ということばのように、そのことを遂《と》げさせるという意味。君子は、人の善いところを褒め、人の悪いところは、反省させ中止させる。逆に、小人は、人の善いところは悪口を言ってつぶす。一方、人の悪事を喜ぶ。

八　明日《めいじつ》遂《つい》に行《さ》る。陳《ちん》に在《あ》りて糧《りょう》を絶《た》つ。従《じゅう》者《しゃ》病《や》みて、能《よ》く興《た》つ莫《な》し。子路《しろ》慍《うら》みて見《まみ》えて曰《いわ》く、君子《くんし》も亦《また》窮《きゅう》すること有《あ》るか、と。子《し》曰く、君子固《もと》より窮す。小人《しょうじん》は窮すれば、斯《すなわ》ち濫《みだ》る、と。

明日遂行。在レ陳絶レ糧。従者病、莫二能興一。子路慍見曰、君子亦有レ窮乎。子曰、君子固窮。小人窮、斯濫矣。

（衛霊公篇一五―二）

【現代語訳】

その翌日、孔先生一行は、いろいろとあった衛《えい》国から、出国となった。そして、陳《ちん》国に滞在の折、困難に陥り、〔七日間も〕食糧がなかった。弟子たちは飢餓で立つこともできない状態となった。子路《しろ》はむっとして老先生に食ってかかった。「教養人とて、教養人もまた追いつめられることがあるのですか」と。老先生はお答えになられた。「教養人とて、もとより窮することがある。ただ、知識人は追いつめられると〔見識がないので〕右往左往するのだ」と。

【参考】

勇者である子路は激情家である。だから孔子に詰めよったのである。ところが、仁者である顔淵《がんえん》は、この困難なとき、食べられる野草を黙って摘んでいたという（『荘子《そうじ》』譲王篇）。

＊「君子固窮。小人窮、斯濫矣」の五十沢二郎訳「君子だって困る。だが、小人は困ると己を失う」。

九　子路《しろ》曰《いわ》く、君子《くんし》は勇《ゆう》を尚《たっと》ぶか、と。子《し》曰く、君子は義《ぎ》以《もっ》て上《じょう》を為《な》す。君子も（であっても）勇有《あ》りて義無《な》くんば、乱《らん》を為す。小人《しょうじん》勇有りて義無くんば、盗《とう》を為す。

子路曰、君子尚ㇾ勇乎。子曰、君子義以為ㇾ上。君子有ㇾ勇而無ㇾ義、為ㇾ乱。小人有ㇾ勇而無ㇾ義、為ㇾ盗。（陽貨《ようか》篇一七―二〇）

【現代語訳】

子路《しろ》「教養人は度胸を尊重しますか」。老先生「教養人は大義を第一とする。だから、教養人とてただ度胸があるだけで大義がなければ、反逆者となる。知識人とて同じこと、反乱者（盗）となるだけのことだ」。


【参考】

朱子は、この文についての解釈として、宋の胡寅《こいん》の「疑うらくは、これ、子路初めて孔子に見《まみ》ゆるときの問答ならん」という、きわめて興味深い推測を示している。『史記』仲尼弟子《ちゅうじていし》列伝に拠《よ》れば、はじめ、子路は孔子の塾へ邪魔をしにきた乱暴者であったという。子路は武術好きの伊達者《だてもの》であって、豚の革の飾りをつけた剣を佩《は》き、雄鶏の羽をつけた冠をかぶり、音楽よりも剣術が好きだとうそぶいていた。しかし、孔子に出会うと、軽くいなされて、逆に熱烈な孔子の信奉者となり、生涯をともにするようになる。その、孔子との出会いのときの対話がこの文のことばであったとする推測はきわめて興味深い。

一〇　子《し》曰《いわ》く、君子《くんし》は義《ぎ》に喩《さと》り、小人《しょうじん》は利《り》に喩る。

子曰、君子喩㆓於義㆒、小人喩㆓於利㆒。（里仁篇四―一六）

【現代語訳】

老先生の教え。教養人は道理を理解し、知識人は損得を理解する。

【参考】

君子と小人との対比が、『論語』中、何度も出てくる。これは、人間を識別する基準である。もちろん、孔子は、君子のようであれと望んでいるのであるが、現実には、君子は少ない。だから、君子と小人という二種類によって、「理想（君子）は……だが、現実（小人）は――だ」ということを示している。

一一　子《し》曰《いわ》く、君子《くんし》は和《わ》して同《どう》ぜず、小人《しょうじん》は同じて和せず。

子曰、君子和而不㆑同、小人同而不㆑和。（子路《しろ》篇一三―二三）

【現代語訳】

老先生の教え。教養人は、和合はするが雷同はしない。知識人は、雷同はするが和合はしない。

【参考】

「和」は、公の立場・気持ちから出るもの。「同」は、私の立場・気持ちから出るもの。しかし、併せて「和同」や「同和」とするときは、一般的な同調を意味する。

＊五十沢二郎訳「君子は喜びを共にする事を愛するが自己を売らない。小人はたやすく自己を売る癖に人と喜びを共にする事は知らない」。

三　子曰《しいわ》く、君子《くんし》は其《そ》の言《げん》の其の行《おこ》ないに過《す》ぐるを恥《は》ず。

子曰、君子恥㆔其言而過㆓其行㆒。

（憲問篇一四―二七）

【現代語訳】

老先生の教え。教養人は、自分の発言内容が、自分の実践内容よりも過大であることを恥《はじ》とする。

【参考】

皇侃《おうがん》に拠れば、「而」字は「之」字とし、それに従って「恥㆔其言之過㆓其行㆒」と訓《よ》んだ。朱子はそのままに「恥㆓其言㆒而過㆓其行㆒」（其の言を恥じて、其の行ないを過ごす）と訓み、「言の多過ぎるのは恥であるから控えめにして、行ないは十二分につくす」と解している。

一三　子曰《しいわ》く、君子《くんし》は言《げん》に訥《とつ》にして、行《おこ》ないに敏《びん》ならんことを欲《ほっ》す。

子曰、君子欲下訥二於言一、而敏中於行上。

（里仁篇四―二四）

【現代語訳】

老先生の教え。教養人は、口下《くちべ》手《た》（訥《とつ》）ではあっても、人の道《みち》（行《おこない》）はすぐ実践したいと願う。

【参考】

『礼記』檀弓《だんぐう》下篇に「その言、吶吶然《とつとつぜん》として、これをその口に出《いだ》さざるがごとし」。

＊五十沢二郎訳「言葉を軽くせず、実行を重んぜよ」。

一四　子曰《しいわ》く、色《いろ》厲《はげ》しくして、内《うち》荏《やわ》らか。諸《これ》を小人《しょうじん》に譬《たと》うれば、其《そ》れ猶《なお》穿窬《せんゆ》の盗《とう》のごときか。

子曰、色厲、而内荏。譬二諸小人一、其猶二穿窬之盗一也與。

（陽貨篇一七―一〇）

【現代語訳】

老先生の教え。外見（色）ばかり格好をつけ、その実、中身はだめ。これを知識人に譬《たと》えてみると、〔上品に構えてはいるものの、心では利益は手に入れたいと密かに思っている〕こそ泥みたいなものだ。

【参考】

見かけ倒しの人間に対する罵倒《ばとう》である。孔子は、本物《ほんもの》とは何か、本音《ほんね》とは何かということを常に求めた人間である。本物、本音とは、名と実との一致、内容と形式との一致、ということに尽きる。外面は威厳をとりつくろっており、そのため、中身がしっかりしていると見せかけながら、その実は、まことに脆《もろ》い人間、そういう、たてまえだけの弱さを孔子は特に嫌《きら》ったのである。

一五 子《し》曰《いわ》く、君子《くんし》は道《みち》を謀《はか》りて、食《しょく》を謀らず。耕《たがや》せど、餒《たい》其《そ》の中《なか》に在《あ》るあり。学《まな》べば、禄《ろく》其の中に在るあり。君子は道を憂《うれ》え、貧《ひん》を憂えず。

子曰、君子謀レ道、不レ謀レ食。耕也、餒在二其中一矣。学也、禄在二其中一矣。君子憂レ道、不レ憂レ貧。

（衛霊公篇一五―三二）

【現代語訳】

老先生の教え。教養人は心のありかた（道）を追求するのであって、食べてゆくことを追求するのではない。耕作しても〔凶作となれば〕食べてゆくことができない（餒。飢餓）こともある。学問をして、食べてゆくことができることもある。教養人は、心のありかたの不安定を憂えるが、食べてゆくことの不安定を憂えたりしないのだ。

【参考】

「子張《しちょう》 禄《ろく》を干《もと》めんことを学ばんとす」（一七九ページ）において、孔子は道徳的修養を積めば「禄 其の中に在り」と言っている。この文における「禄 其の中に在るあり」も、ほぼ同じ意味と言ってよい。孔子の口ぶりは、禄そのものを求めようとするのではなくて「学ぶために学ぶ」ことをしておれば、しぜんと禄がついてくるというものである。しかし、子張たちは現実的であり、学んだことを手段として禄を得ようとしている。

当時、人材を供給していたのは、たとえば詩・書・礼・楽を教える孔子の学校であった。だから弟子たちとしては、「学ぶために学ぶ」というよりも「生活のために学ぶ」という考えがあったのは当然のことであった。いいところへ早く就職をと思っている者が多かった。学校は、技術の訓練と同時に人格的陶冶《とうや》という二つの教育をする任務を負っている。この文は、孔子の学校の学生たちにおいてその両者の分裂があったことを示している。

一六　子貢《しこう》 君子《くんし》を問《と》う。子《し》曰《いわ》く、先《ま》ず行《おこ》なう。其《そ》の言《げん》や而《しか》る後《のち》に之《これ》に従《したが》う、と。

子貢問㆓君子㆒。子曰、先行。其言而後従㆑之。（為政《いせい》篇二―一三）

【現代語訳】

子貢《しこう》が君子とは何かとおたずねした。老先生はこう教えられた。「先ず実行だ。その説明については、実行の後《あと》でする」〔そういう人が君子（教養人）だ〕と。


【参考】

清の翟灝《てきこう》『四書考異《こうい》』は「先行」で句を切り、すなわち「先ず行ない、其の言は而る後に之に従う」と読む。

一七　子曰《しいわ》く、君子《くんし》は器《うつわ》ならず。　子曰、君子不レ器。（為政篇二―一二）

【現代語訳】

老先生の教え。教養人は一技・一芸（器）の人ではない。〔大局を見ることのできる者である〕。


【参考】

合山究《ごうやまきわむ》『論語解釈の疑問と解明』（四一ページ）は、全篇の相当多くにわたって傾聴すべき独自の解釈を示しているが、この文について、次のように考えている。

『論語』中、高弟の子貢について、孔子は「女《なんじ》は器なり」と言っている。この子貢は活動領域の広い人物であるから、「器」を一つの専門のことだけにしか役立たないと解釈するのは疑問だとする。そして資料を挙げて論じつつ、『易経《えききょう》』繋辞《けいじ》上伝「形而上なる者、これを道と謂《い》い、形而下なる者、これを器と謂う」に基づけば、「不器」という、器の否定は、形而上的なものであって、精神的なはたらきをなすものということになる、と論じる。

一八　子《し》曰《いわ》く、君子《くんし》にして不仁《ふじん》なる者《もの》、有《あ》らんか。未《いま》だ小人《しょうじん》にして仁《じん》なる者有らざるなり。

子曰、君子而不仁者、有矣夫。未レ有二小人而仁者一也。

（憲問篇一四―六）

【現代語訳】

老先生の教え。教養人であって、人の道に外《はず》れた者があるだろうか。〔それと異なり〕知識人であって同時に人格者というようなことはない。

【参考】

①大胆な異説として、唐代の韓愈《かんゆ》『論語筆解』は「仁」字は「備」字の誤りであるとする。すると、「君子なるも備わざる者、有らん」、すなわち「君子の才行、あるいは備わらざるもの有らん」という解釈である。

こういう解釈をした原因は、前漢の孔安国《こうあんこく》の注「君子と曰《い》うと雖《いえど》も、なおいまだ備わるあたわざるなり」を下に敷いたからであろうが、文字を改めるという大胆さは、唐代ではまだ

『論語』解釈の一定さがなかったことをよく示す。

②明代の智旭《ちぎよく》は「君子を警策し、小人を激発す。小人もし仁なれば、便《すなわ》ちこれ君子。那《な》んぞ定名（動かぬ定義）あらん」と解釈する。人間を中心に据《す》える明代らしい解釈である。

一九　子《し》曰《いわ》く、君子《くんし》は小知《しょうち》す可《べ》からず。而《しか》して大《たい》受《じゅ》す可し。小人《しょうじん》は大受す可からず。而して小知す可し。

子曰、君子不レ可二小知一。而可二大受一也。小人不レ可二大受一。而可二小知一也。（衛霊公篇一五―三四）

【現代語訳】

老先生の教え。教養人は専門的知識が十分ではない。しかし、大任を果たすことができる。知識人は大任を果たすことはできない。しかし、専門的知識については優れている。

【参考】

竹添井井《たけぞえせいせい》『論語会箋《かいせん》』は「四「可」字の下、みな「使」字を加え看《み》ん。古文〔は〕簡を貴び、四「使」字を省き文を作るのみ」と解し、「小知せ使《し》む可《べ》からずして、大受せ使む可きなり」と読んでいる。

二〇　子《し》曰《いわ》く、唯女子《ただじょし》と小人《しょうじん》とは養《やしな》い難《がた》しと為《な》

子曰、唯女子与二小人一為レ難レ養

す。之《これ》を近《ちか》づくれば、則《すなわ》ち不孫《ふそん》なり。之を遠《とお》ざくれば、則ち怨《うら》む。

也。近レ之、則不孫。遠レ之、則怨。

（陽貨篇一七―二三）

【現代語訳】

老先生の教え。女子と知識人とは、そのつきあいかたが難しい。親しく優しくするとつけあがりわがままとなる。遠ざけ厳しくすると不平となり怨んでくる。

【参考】

『論語』中、唯一の女性論である。孔子の育った家庭は、姉が多かった。また、孔子は妻と離婚したとする説が有力である。蟹江義丸《かにえよしまる》『孔子研究』（金港堂書籍、明治三十七年。昭和二年に京文社より改版）に関連文献がほぼすべて挙げられている。この文は、『史記』刺客列伝の女性論、すなわち「女は、己を説《よろこ》ぶ者（自分を愛してくれる者）のために容《かたち》づくる（化粧する）」と並んで、中国における代表的女性論となっている。

三　子《し》曰《いわ》く、君子《くんし》重《おも》からざれば、則《すなわ》ち威《い》あらず。学《まな》びても則ち固《こ》ならず。忠信《ちゅうしん》を主《しゅ》とし、己《おのれ》に如《し》かざる者《もの》を友《とも》とする無《な》かれ。過《あやま》ちては則ち改《あらた》むるに憚《はばか》ること勿《なか》れ。

子曰、君子不レ重、則不レ威。学則不レ固。主二忠信一、無レ友二不レ如レ己者一。過則勿レ憚レ改。

（学而《がくじ》篇一―八）

【現代語訳】

老先生の教え。教養人とはこうだ。重厚さ、すなわち中身の充実（誠実）がなければ、人間としての威厳はない。学問をしても堅固ではない。このように質《もと》の充実つまりはまごころ（忠信）を核とすることだ。〔そういう生きかたをする〕自分と異なり、まごころの足りない者を友人とするな。もし自分に過失があれば、まごころに従ってすぐにも改めることだ。

【参考】

孔子の性格を一言で言うことはできない。というのは、若いころの自信過剰の客気《かっき》が、歳を重ねるにつれて、その歳月とともに、しだいに矯《た》められてゆき、円満な人柄になっていったからである。孔子は二十代後半から三十代前半において、周の都城（王城）に留学したと思われるが、そのときに就《つ》いた老先生（『史記』孔子世家では「老子」と記す。ただし、老荘思想を生みだした『老子』とは異なる）は、留学が終わって帰国する孔子に向かって、お前は「聡明深察なるも、死〔の危険〕に近づく〔可能性があるの〕は、人を議すことを好めばなり。博弁広大なるも、その身を危うくするは、人の悪を発《あば》けばなり」と諭《さと》し、「人の子たる者、もって己《おのれ》有ること（我《が》を出すこと）なかれ。人の臣たる者（社会人）、もって己有ることなかれ」と忠告している。

これに拠《よ》れば、孔子は、相当な自信家で、人の悪口をよく言っていたようである。しかし、そういう孔子の鼻につく嫌《いや》な面は、『論語』の中に、ほとんど見ることができない。おそらく、そういう事実を示す記録はあったのだろうけれども、『論語』が作られてゆく過程で弟子たちの手によって抹消されてしまったのであろう。

しかし、一方、孔子自身、非常な努力をして、そうした己の嫌な面を直していったと思われる。『論語』の中に、自己反省のことばがずいぶんと見られるからである。その一つは、過失に対する反省である。この文の「過《あやま》ちては則ち改むるに憚《はばか》ること勿《なか》れ」がその一例である。孔子は、若いころの失敗に気がつくようになっていったのであろう。

＊「学則不レ固。過則勿レ憚レ改」の五十沢二郎訳「知るということは我執をなくすことである。自分のまちがいに気がついたならばたちどころに改めるだけの勇気が無くてはならない」。

第七章　人間を磨く

道徳を軽視する現代の教育

ほとんどの人間は未熟である。礼儀は他人に言われてはじめて気づくことが多い。経験不足だからである。

私が大学の学生のころであった。母の死があり、年賀の欠礼挨拶を発信したところ、折りかえし何人かの方たちから弔書をいただいた。学んだ。それ以来、人から欠礼挨拶をいただいたとき、その方に弔辞を述べてきている。

当たりまえと言えば当たりまえではあるが、こうしたことを学ぶ機会がなければ、意外と気づかないものである。

こういう例もある。金谷治《かなやおさむ》先生（東北大学名誉教授）は、私が二十代のころ、中国哲学の学界における中心的メンバーのお一人であった。当然、若い私に対しての呼びかけは「加地君《くん》」であり、それは当然のことであった。ところが、私が研究者として一人立ちし活動していたある時期から、呼びかけが「加地さん」に変わった。

これは常人にはなかなかできないことである。後輩に対して、「君」から「さん」に切り換えるには、相当の徳性が必要である。私が金谷先生に対して一段と尊敬の念を深くしたことは言うまでもない。

後年、博士学位論文を先生に提出申しあげた。それは金谷先生に対する人間としての敬意の最大表現であり、恩返しであった。後輩に対しての、「君」から「さん」へ――この学んだことをいま私は実行しつつある。

孔子はなによりも徳性（人格・人間性・人間的常識・人生観等）を重んじた。知性は二の次である。そのため、儒教と言えば道徳の塊《かたまり》というふうに受けとられてきた。のみならず、現代においては、そうした道徳重視の立場をなにやら窮屈な前時代的な、場合によっては古ぼけた〈封建的〉なもののように位置づけてきたようなところがある。

その中心となったのは、意外にも教員たちであった。道徳教育に最も否定的であり批判的であったのは、敗戦後の教員であり、左翼的立場の人々であった。彼らにおいて儒教と対極的に重視されたのは〈自由〉であった。

もっとも、それは自己責任のある自律的な〈個人主義的自由〉ではなくて、無責任で欲望のままの〈利己主義的自由〉、換言すれば、禽獣《きんじゆう》の自由であった。

老荘《ろうそう》思想というものがある。これは、儒教思想と対立的な考えである。儒教が人間社会の規範（礼）を守れとするのに対して、そういう人間社会から脱する自由を主張した。それは、一見すると、敗戦後の左翼的人々の唱《とな》える自由と似ているようであるが異なる。と言うのは、老荘思想では、人間社会の窮屈な規範から脱する自由は、同時に欲望を捨て、清貧の生活（たとえば山野での独《ひと》りの隠者《いんじゃ》的生活）をも厭《いと》わぬ心構えであるからである。今日の日本人のような、際限なき欲望と権利主張とに由《よ》る、ぎらぎらした禽獣的自由とは全く異なるものである。

古典で己を磨く

今日の日本で、文化・教育において最も軽視されているのは道徳であり徳性である。今日の中国もまた同様である。それは、道徳を最も重視した孔子の世界とは対極にある。

ところが、実社会において、最も求められるのが徳性であり道徳なのである。実生活においてそれは微動だにしていない。

たとい能力主義、実績主義が大きく取りあげられようとも、日本では、先輩後輩の序列は、そう簡単には崩れない。相手に対して、きちんと礼節を弁《わきま》えている人間のほうが、そうでない人間よりも必ず成績がいい。他者の不幸を知って平気で笑っている人間は相手にされない。と書いてきて、いささか空《むな》しくなる。

徳性や道徳を意識しない人間は、上述のような話を聞かせても、まず理解不能だからである。道徳的・徳性的感覚がないからである。

そういう人は、学校生活よりも遥かに長い社会生活をどのようにして過ごすのであろうか。失敗や挫折《ざせつ》が待っているだけであろう。しかも自分はその原因を知らない。

とすれば、実社会に出る前、まずは学校生活・家庭生活においてきちんとした道徳教育をすることがその人のためになる。人間を磨くことの第一歩である。そのときの材料として『論語』は選ぶ価値がある。

たとえば「己《おのれ》に克《か》ちて礼に復するを、仁《じん》と為《な》す」（一五七ページ）とある。「己に克つ」とは、禽獣《きんじゆう》的自由・利己主義を乗り越えることである。「礼に復す」とは、社会的規範（礼）にもどるということである。〈仁〉とは愛、人間愛である。つまり「利己主義を乗り越え、社会的規範に基づくこと、それが真の人間愛である」ということを述べている。

『論語』は古めかしい漢文ではあるが、本質を突いているので今も新しい。その新しさは訳文（解釈）によっても決まる。本章の引用の内、五十沢二郎《いざわじろう》氏（三一ページに紹介）の名訳を紹介してみよう。

「徳有る者は、必ず言《げん》有り。言有る者は、必ずしも徳有らず。仁者《じんしや》は必ず勇有り。勇者必ずしも仁有らず」（一六二ページ）を、「真実ある人の言葉は必ず美しいものである。しかし、言葉の美しい者に必ず真実があるとは言えない。また、真理に忠実な者は必ず勇気に富むものである。しかし、勇気のある者のすべてが真理に忠実であるとは限らない」と解釈している。なかなかいい訳である。

このような現代語訳は、『論語』の文の単語の意味を並べただけでは生まれない。あくまでも、その文の全体の趣旨を読みこんではじめて生まれるものである。その必死の読みこみとは、己《おのれ》を磨く気持ちがあってはじめて可能である。

己を磨くとき、すなわち修養を心がけるとき、古典はそれを助けてくれる。己を磨くその状況を古典がきちんと言い表してくれるときがあるし、逆に、古典のことばに沿って己を磨くこともある。その意味で古典を読むことは重要である。もっとも、その古典も、ギリシャ神話に曰《いわ》く、とか、プラトン曰く、とか、というのでは日本人の心に響かないし、浮いてしまっている。やはり日本や中国の古典でないと様《さま》にならない。

日本語の中で生きている論語

その際、中国古典としては、『論語』が最も普及していると言ってよいであろう。『論語』中の多くのことばが日本語の中で生きている。たとえば次のようなことばである。

○己《おのれ》に如《し》かざる者を友とする無かれ。
○過《あやま》ちては則《すなわ》ち改むるに憚《はばか》ること勿《なか》れ。
○和《わ》もて貴《たっと》しと為《な》す。（以上は学而篇《がくじ》）
○君子《くんし》は器《うつわ》ならず。（為政篇《いせい》）
○既往《きおう》は咎《とが》めず。（八佾篇《はちいつ》）

○吾《わ》が道は一以《いちもつ》て之《これ》を貫《つらぬ》く。「一貫」（里仁《りじん》篇）
○下問《かもん》（目上・先輩の者が目下・後輩に教えを乞う）を恥《は》じず。（公冶長《こうやちょう》篇）
○鬼神《きしん》を敬して之《これ》を遠ざく。「敬遠」（雍也《ようや》篇）
○道に志《こころざ》す。「志道《しどう》」
○芸に遊《あそ》ぶ。「遊芸《ゆうげい》」
○発憤《はっぷん》して食を忘る。「発憤」
○怪力《かいりき》・乱神《らんしん》を語《かた》らず。「怪力乱神」
○威《い》ありて猛《たけ》からず。（以上は述而《じゅつじ》篇）
○任 重くして道 遠し。
○死して後已《のちや》む。
○民は之《これ》に由《よ》ら使《し》む可《べ》し。之を知ら使む可からず。（以上は泰伯《たいはく》篇）
○過《す》ぎたるは猶及《なおおよ》ばざるがごとし。（先進《せんしん》篇）
○死生《しせい》は命《めい》有り、富貴《ふうき》は天に在《あ》り。
○民 信ずる無くんば立たず。（以上は顔淵《がんえん》篇）
○寡《すく》なきを患《うれ》えずして、均《ひと》しからざるを患う。（季氏《きし》篇）
○性 相《あい》近し。習い相遠し。
○雞《にわとり》を割《さ》くに、焉《いずく》んぞ牛刀《ぎゅうとう》を用《もち》いん。

○道に聴《き》きて塗《みち》に説くは、徳を之《こ》れ棄《す》つるなり。「道聴塗説《どうちょうとせつ》」（以上は陽貨《ようか》篇）
○可も無く、不可も無し。
○備わらんことを一人《いちにん》に求むる無かれ。（以上は微子《びし》篇）

これらのことばは、人間の知恵を示している。古今東西における普遍性がある。『論語』自体は中国に生まれたものではあるが、孔子らのことばが伝承されてゆくうちに、消えるべきものは消え、最後に残ったものは、中国だけではなくて、少なくとも中国・朝鮮半島・日本・ベトナム北部という東北アジア地域において、共通の知恵として共有されている。この点を東北アジア人は意識すべきである。中身は中国の古典ではあっても、現在となっては、東北アジア共有の古典としての地位を得ている。

だからこそ、自己を磨くときの手段としての古典の地位を得ているのである。単なる古代趣味、特殊な中国贔屓《びいき》から『論語』を読むべきではない。そういう読みかたであると、東北アジア地域に存在する『論語』の地位が見えなくなってしまうだろう。

人間を磨く――これは容易ではない。しかし、教養人を目指した以上、徳性を、人間を磨くことが、人生の大いなる目標となる。しかし、それは他人に見せびらかすようなものとは異なる。あくまでも内面的なものであって、究極の自己鍛錬を意味する。それが自己を磨くということである。

一　曾子《そうし》曰《いわ》く、吾《われ》日《ひ》に吾《わ》が身《み》を三省《さんせい》す。人《ひと》の為《ため》に謀《はか》りて忠《ちゅう》ならざるか、朋友《ほうゆう》と交《まじ》わりて信《しん》ならざるか、習《なら》わざるを伝《つた》えしか、と。

曾子曰、吾日三㆓省吾身㆒。為㆑人謀而不㆑忠乎、与㆓朋友㆒交而不㆑信乎、伝㆑不㆑習乎。（学而篇一―四）

【現代語訳】

曾《そう》先生の教え。私は毎日〔主題を変えては〕重《かさ》ねて反省する。〔たとえば誠意の問題についてのときは、〕他者のために相談にのりながら、いい加減にして置くようなことはなかったかどうかとか、友人とのつきあいで、ことばと行ないとが違っていなかったかどうかとか、〔学習内容で譬《たと》えるならば、薬の調合において〕まだ十分に身についていないのに〔調合して〕他者に与えてしまわなかったかどうかとか、というふうにである。


【参考】

「忠」は、君臣の道徳として後世に現れてくる忠義と異なる。「忠」という文字どおり、「心の中（まんなか）」、中心、すなわち忠である。「忠」そして文中の「信」、これらは、内実のあることを意味する。真、実、誠などみな同じく内実のあることを意味する。こういう内実のあることを孔子は常に求めたのである。

『論語』は、テキストによって読みかたが変わり、そしてそれに伴って意味も変わってくるという難しさがある。この章の「伝不習乎」がその一例である。武内義雄『論語之研究』（『武内義雄全集』第一巻所収）に拠《よ》れば、『古論（古論語）』は「伝不習乎」となっているが（本書の書き下し文と同じ）、『魯論（魯論語）』では、「専不習乎」となっているので、「専《もっぱ》ら習わざるか」という意味に読んでいただろうとする。参考までに言えば、武内義雄は「博不習乎」と推定し、「博《ひろ》く習わざるか」と解している。

　弟子の間において、曾子は、有若《ゆうじゃく》と仲が悪かったようである。孔子亡きあと、子夏《しか》、子張《しちょう》、子游《しゆう》といった有力な弟子たちが、孔子と姿が似ている有若を後継者としようという動きがあったとき、曾子が反対したため、その話は流産した（『孟子《もうじ》』滕文公《とうぶんこう》上篇）。『論語』中、弟子で「子」という美称がつくのは、有若（有子）、曾参《そうしん》（曾子）、閔子騫《びんしけん》（閔子）、冉有《ぜんゆう》（冉子）の四人だけである。これは、『論語』というテキストの成立過程において、これら四人それぞれの弟子たちが加わっていたことを示す痕跡《こんせき》であり、『論語』の成立事情を知る上において重要な手がかりとなっている。

二　子貢《しこう》問いて曰《いわ》く、一言《いちごん》にして以《もっ》て終身之《しゅうしんこれ》を行《おこ》なう可《べ》き者有《ものあ》りや、と。子《し》曰く、其《そ》れ恕《じょ》か。己《おのれ》の欲《ほっ》せざる所《ところ》は、人《ひと》に施《ほどこ》すこと勿《なか》れ、

子貢問曰、有下一言而可二以終身行レ之者上乎。子曰、其恕乎。己所レ不レ欲、勿レ施二於人一。

と。

（衛霊公《えいれいこう》篇一五—二四）

【現代語訳】

子貢《しこう》が質問した。「生涯、行なうべきものを、一文字《ひともじ》で表せましょうか」と。老先生はお答えになられた。「それは、〈恕《じょ》〉だな。自分が他人から受けたくないことは、他人にもしないことだ」と。

【参考】

荻生徂徠は、「己所レ不レ欲、勿レ施ニ於人一」は、古い注解の文であったものが、後になって本文に混入したものとする。傾聴すべき鋭い解釈である。

「恕（思いやり）」は、日本人の感情に最も適合したものである。日本人の他者への配慮という独特の感情は、この「恕」と、どこかで繋《つな》がっていると考える。

三　子曰《しいわ》く、其《そ》の身《み》正《ただ》しければ、令《れい》せずとも行《おこ》なわる。其の身正しからざれば、令すと雖《いえど》も、従《したが》われず。

子曰、其身正、不レ令而行。其身不レ正、雖レ令、不レ従。

（子路《しろ》篇一三—六）

【現代語訳】

老先生の教え。上に立つ者は、己《おのれ》のありかたが正しければ、命令しなくとも、人々は方針に従う。そのありかたが正しくなければ、命令したとて方針に従わない。

【参考】

共同体（血縁的・地縁的を問わず）は、慣習が中心となって運営される。その慣習は内容的には道徳となり形式的には礼となる。だから、道徳・礼が共同体の指導原理であり、とりわけ形となって現される礼が重視された。そうした礼の熟達者が社会的指導者（具体的には、行政官僚や為政者）となるので、共同体では、その人々の行動を見習うことが求められる。この文の「其の身正しければ……其の身正しからざれば――」というのはその反映である。

＊五十沢二郎訳「自分自身を正しくさえすれば、命令しないでも、服して来る。自分自身が正しくないならば、どんなに強制しても従わせることはできない」。

四　子曰《しいわ》く、志士《しし》・仁人《じんじん》は、生《せい》を求《もと》めて以《もっ》て仁《じん》を害《そこ》なう無《な》く、身《み》を殺《ころ》して以て仁を成《な》す有《あ》り。

子曰、志士仁人、無㆓求㆑生以害㆑仁、有㆓殺㆑身以成㆑仁。

（衛霊公篇一五―九）

【現代語訳】

老先生の教え。人間として正しく生きたいと思う者（志士）や、人の道に生きようとする者（仁人）は、ただただ生きていることのみを求めるあまり、人の道を損なっても平気というようなことがなく、逆に、生命を捧《ささ》げてでも人の道を全《まっと》うしようとするのである。

【参考】

この文は、『孟子』告子上篇の有名な文「生も亦《また》我が欲するところなり。義も亦我が欲するところなり。二者、兼ねるを得《う》べからずんば、生を舎《す》てて義を取る者なり」、あるいは司馬遷の「任安《じんあん》に報ずるの書」中の有名な句「死はあるいは泰山《たいざん》よりも重く、あるいは鴻毛《こうもう》よりも軽し」など、死よりも重いものの存在を認める立場と繋がる立場であって、「身を捨ててこそ浮かぶ瀬もあれ」という、起死回生の意味と異なる。

＊五十沢二郎訳「正義を愛する者、真理に忠実なる者は生命を愛するために真実を枉《ま》げるような事はしない。正義と真理とのためにはかえって自己の生命をさえ顧みようとはしないものである」。

五　顔淵《がんえん》仁《じん》を問《と》う。子曰《しいわ》く、己《おのれ》に克《か》ちて礼《れい》に復《ふく》するを、仁と為《な》す。一日《いちにち》己に克ちて礼に復すれば、天下《てんか》仁に帰《き》す。仁を為すは己に由《よ》る。人《ひと》に由らんや、と。顔淵曰く、其《そ》の目《もく》

顔淵問レ仁。子曰、克レ己復レ礼、為レ仁。一日克レ己復レ礼、天下帰レ仁焉。為レ仁由レ己。而由レ人乎哉。顔淵曰、請三問其目一。子曰、非レ

を請《こ》い問《と》わん、と。子曰く、礼に非《あら》ざるもの（非礼《ひれい》）視《み》ること勿《なか》れ、非礼《ひれい》聴《き》くこと勿れ、非礼 言《い》うこと勿れ、非礼 動《うご》くこと勿れ、と。顔淵曰く、回《かい》 不敏《ふびん》と雖《いえど》も、請う 斯《こ》の語《ご》を事《こと》とせん、と。

礼勿レ視、非礼勿レ聴、非礼勿レ言、非礼勿レ動。顔淵曰、回雖ニ不敏一、請事ニ斯語一矣。（顔淵篇一二―一）

【現代語訳】

顔淵《がんえん》が仁《じん》とは何でしょうか、と質問した。老先生はこう教えられた。「利己を抑え、〔人間社会の〕規範（礼）に立つことが仁（人の道）である。ひとたび利己を抑え、規範を実行するならば、世の人々はみな、〔それを見習って、忘れていた〕仁を実践することになるであろう。人の道を実践するのは、己の覚悟しだいなのであって、他人《ひと》に頼ってできるものではない」と。顔淵はおたずねした。「その実践内容（目）はどのようなものでありましょうか。お伺《うかが》いいたします」と。老先生はこう述べられた。「規範でないもの（非礼）、それを視るな、聴くな、言うな、行なうな」と。顔淵は「私め、至りませぬ（不敏）が、そのおことばを第一として生きてゆきます」とお答えしたのであった。

【参考】

人間には出会いがある。出会った人のことばで終生忘れないものがある。孔子との出会いにおいて、孔子のことばを忘れなかった多くの弟子がいた。それらのことばを後になって集めたものが『論語』である。

その『論語』の中でも、弟子みずからが、そのことばを忘れないと言っている場合がいくつかある。この文はその一例である。顔淵が「回（顔淵）不敏と雖《いえど》も、請う斯《こ》の語を事とせん」と言っているのがそれである。

一方、子路《しろ》もまた「終身之《これ》を誦《しょう》す」（『論語』子罕《しかん》篇九―二七）とある。生涯、くりかえし「誦す」と言う以上、ことばの上だけではない。当然、その実行を含む。

子路も顔淵もともに孔子の高弟である。孔子との出会いの中で、忘れ得ぬことばを多く得たであろうが、「斯の語を事とせん」「之を誦す」とはっきり書かれているのは、別《わ》けても特別の意味があったのであろう。

六　孔子《こうし》曰《いわ》く、命《めい》を知《し》らざれば、以《もつ》て君子《くんし》と為《な》る無《な》きなり。礼《れい》を知らざれば、以て立《た》つ無きなり。言《げん》を知らざれば、以て人《ひと》を知る無きなり。

孔子曰、不レ知レ命、無三以為二君子一也。不レ知レ礼、無二以立一也。不レ知レ言、無二以知レ人一也。

（堯曰《ぎょうえつ》篇二〇―三）

【現代語訳】

孔先生の教え。〔人間は、神秘的な大いなる世界における、ごくごく小さなものであるから〕自分に与えられた運命（命）を覚らない者は、教養人たりえない。〔人間は社会生活をしているのであるから〕社会規範（礼）を身につけていない者は、人の世を生きてゆくことはできない。〔人間はことばを使うのであるから〕ことば（言）について理解できない者は、人間を真に理解することはできない。

【参考】

「命・礼・言」は、いわば「天・地・人」である。

「命」は、人間の運命であり、これは天が与えたものである。それが天命であれ、使命であれ、最終的には運命である。

「礼」は、人間社会の規則・規範のことである。地上での避けることのできない約束であり、人間は人間社会――当時にあっては、共同体――そこを離れて生きることはできない。礼は共同体の規範であり象徴である。

「言」は、人間個人の表現である。「命」は「礼」に似て、言語体系（ラング langue）として存在しているものであるが、「言」は、言語活動・言語行為（パロール parole）である。人間の生き生きとした行為である。劉宝楠《りゅうほうなん》は「言とは心の声なり」と言う。

運命・共同体・言語行為――この三者を理解できる知性を持つ者こそ人間であると孔子は

考えていたのであった。

このことばは、実は『論語』全篇の結びの最終章に出てくることばであり、孔子の全思想が濃密に、かつ意味深長に託されている。

七　或《ある》ひと曰《いわ》く、徳《とく》を以《もっ》て怨《うら》みに報《むく》ゆるは、何如《いかん》、と。子《し》曰く、何《なに》を以《もっ》て徳に報いん。直《ちょく》を以て怨みに報い、徳を以て徳に報いん、と。

或曰、以レ徳報レ怨、何如。子曰、何以報レ徳。以レ直報レ怨、以レ徳報レ徳。

（憲問《けんもん》篇一四―三四）


【現代語訳】

ある人が質問した。「仇《かたき》への怨みに〔対して怨みで報復するのではなくて〕恩恵（徳）を与えて解決するというのはいかがでしょうか」と。老先生はこうお答えになられた。「それなら〔自分が受けた他者からの〕恩恵に対して、何をもってお返しするのだ。〔怨みにも恩恵にも、お返しは同じになってしまうではないか。〕怨みには、怨みのそのままの気持ち（直）を、恩恵には恩恵を、ということでよい」と。


【参考】

この文の中心は、「以レ直報レ怨」の解釈である。荻生徂徠は「まさに怨むべくんば則ち怨み、まさに怨むべからずんば則ち怨みず」と解している。孔子が「怨みを匿《かく》して其《そ》の人を友とするは、左丘明《さきゅうめい》之《これ》を恥《は》ず。丘《きゅう》（孔子）も亦《また》之を恥ず」（『論語』公冶長篇五―二五）と言っている点との関わりから言えば、徂徠の解釈が当たっており、最も明快である。

八　子《し》曰《いわ》く、徳《とく》有《あ》る者《もの》は、必《かなら》ず言《げん》有り。言有る者は、必ずしも徳有らず。仁者《じんしゃ》は必ず勇《ゆう》有り。勇者《ゆうしゃ》必ずしも仁有らず。

子曰、有レ徳者、必有レ言。有レ言者、不ニ必有一レ徳。仁者必有レ勇。勇者不ニ必有一レ仁。（憲問篇一四―四）

【現代語訳】

老先生の教え。人格の立派な人物ならば、そのことばはきっと優れている。しかし、いいことを言う者は、必ずしも人格が立派ではない。人格者は、必ず勇気がある。しかし、勇敢な者は、必ずしも人格者ではない。


【参考】

『礼記《らいき》』楽記篇に「〔美〕徳は〔本〕性の端〔緒〕なり。〔すぐれた音〕楽《がく》〔人の良き心の表現〕は、〔美〕徳の華〔表現〕なり。（中略）和順〔心〕中に積み、英華〔表現・ことば〕外に発〔出〕す」とある。音楽も言語もその人の心や徳性の表現である。

＊五十沢二郎訳「真実ある人の言葉は必ず美しいものである。しかし、言葉の美しい者に必ず真実があると

は言えない。また、真理に忠実な者は必ず勇気に富むものである。しかし、勇気のある者のすべてが真理に忠実であるとは限らない」。

九　子《し》曰《いわ》く、知《ち》者《しゃ》は水《みず》を楽《この》み、仁《じん》者《しゃ》は山《やま》を楽《この》む。知者は動《どう》、仁者は静《せい》。知者は楽《たの》しみ、仁者は寿《じゅ》もてす。

子曰、知者楽レ水、仁者楽レ山。知者動、仁者静。知者楽、仁者寿。（雍也篇六―二三）

【現代語訳】
老先生の教え。知《ち》者《しゃ》（賢人）は川にほれぼれとするが、仁《じん》者《しゃ》（聖人）は山にだ。〔だから〕知者は活動的、仁者は静止的。知者は〔積極的に〕楽しんで生き、仁者は〔冒険することなく〕天寿のままにつつがなく生きる。

【参考】
①皇侃《おうがん》『論語義疏』は、二句ずつ三段――仁の性（本質）・仁の用（機能）・仁の功（成果）――に分けるが、荻生徂徠は、はじめの二句は古いことばとし、孔子はこれを誦したあと、その以下四句のような解釈を加えたとする。
②「楽」字は、日本語では自動詞・他動詞ともに、「楽しむ」であって区別はない。しかし、中国人は、「楽」字について、自動詞「楽しむ」の lè（ラ）と他動詞 yào（ヤオ）の

「好む・喜ぶ」とを区別する。同じく朱子は「楽山・楽水」の「楽」を他動詞、「知者楽」の「楽」を自動詞とする。徂徠は、三つともただ lè（古い発音ではラク）と発音すべきだと言う。なぜなら古代では yào という音はなかったからであるとした。因みに「音楽」の「楽」は別の発音であり、yuè（ユエ。古い発音ではガウ）と発音する。

第八章　若者との対話

君子儒となれ、小人儒となるな

孔子の弟子は、大きく分けると一期・二期・三期に分けることができよう。

一期とは、孔子が二十代のころに弟子となった古い弟子である。武闘派の子路《しろ》がその代表格であった。

二期とは、三十歳を越えた孔子が開いた学校に入学した者たちであって、子貢《しこう》や顔回《がんかい》たちがその代表である。もちろん、一期の先輩も加わる。この学校は、その後、孔子が五十五歳で失脚し、流浪《るろう》の旅に出て、六十九歳で祖国である魯《ろ》国に帰国するまでの間、巡回しながら続いていた。約四十年間の長い期間であるから、相当の人数であったと推測される。

三期とは、魯国に落ちつき、七十四歳で亡くなるまでの約五年間である。期間としては短いのではあるが、魯国において固定された学校であったから、若い学生が多く進学してきた。また結局は、年齢の順から言えば、この三期の学生が孔子の学問を継承してゆくこととなった。

このように、孔子の弟子は約五十年にわたって出入りしていたので、一・二期グループと三期グループとの間に意識の微妙な相違が生まれたのはやむを得ないことであった。

最も大きな相違は、三期の学生は流浪の旅という孔子にとって最大の事件にして最悪の状況を体験していなかったことである。それに反し、孔子と辛《つら》く苦しい流浪の旅を続けた一・二期の弟子たちにとって、孔子は単なる師ではなかった。むしろ、志《こころざし》を同じくする同志という感覚であっただろう。

この相違は決定的である。一・二期の学生たちは、善政を布《し》く民のための為政者《いせいしゃ》たらんとする理想に燃えていたが、三期の学生は、孔子の学校を通じて為政者として就職することが大きな目的であったようである。いわば、一・二期生は君子《くんし》（教養人としての為政者）の道を、三期生は小人《しょうじん》（知的労働者・知識人）の道を、それぞれ意識していたと言っていい。もちろん、孔子はそれを戒めた。孔子よりも四十四歳も若い子夏《しか》に対してこう教えている。「女《なんじ》　君子儒《くんしじゅ》と為《な》れ、小人儒《しょうじんじゅ》と為る無かれ」と（一二七ページ）。

後生　畏る可し

孔子よりも四十八歳年少の子張《しちょう》は、ずばりと就職に切りこんでいる。「子張　禄《ろく》を干《もと》めんことを学ばんとす」（一七九ページ）とある。それに対して、孔子は、もっと勉強し、もっと経験を積め。そうすれば就職はしぜんと決まると諭《さと》している。

孔子はそういう若者を馬鹿にしているわけではない。子夏も子張も俊才である。子夏に至っては、『詩経《しきょう》』学を伝えた人物とされている。これは儒教史の上において重要なできごとである。

ただ孔子は、三期の弟子たちに、一・二期の弟子たちが持っている〈熱い志〉を感じることが少なかったようである。しかし、詩書といった古典学そのものはよくできる。孔子はこう評している。「後生《こうせい》畏《おそ》る可《べ》し」（一七一ページ）と。

この名句の意味はそのとおりであろう。しかし、子夏や子張に対する前引の孔子のことばを虚心に読むとき、褒《ほ》めてはいるものの、若干の皮肉もまたそのことばに託されているような感もある。近ごろの若い者は、という老人特有の。

しかし、一般に、老人は若者と対話することを嫌《いや》がっているわけではない。ただ若者が老人の傍《そば》に寄ってこないだけである。一方、若者は若者で、老人の話を聞きたがらない。どうせ世代論に終わり、ずれた話で終わり、時間の無駄と。古今東西を問わず、これが実態であろう。

それに比べれば、孔子は若い弟子たちとよく話している。それはそうだ。孔子が開いていた学校に進学してきたのであるから、教員と学生との関係上、対話は当然のことであった。

当時の学校生活の具体的なことはよく分からないが、住みこんでいた学生がかなりいたのではないかと思われる。たとえば、弟子の宰予《さいよ》（宰我《さいが》）が自室（あるいはベッド）で、ある絵を画いていた（あるいは昼寝していた）という話があり、それを孔子は叱った（公冶長篇《こうやちょう》五－一〇）。あるいは弟子が自室に帰ることなども記されている。孔子の自宅内か別棟の寄宿舎に住みこんでいる感じである。もちろん、学外に住む者もいたであろうが。

そのような住みこみの場合、孔子と話す機会は多かったであろう。それも悩みを打ち明ける場面が多かったのではなかろうか。本章の冉求《ぜんきゅう》の歎き（一七二ページ）、あるいは簣《き》（もっこ）の喩《たと》え（一七三〜一七四ページ）は、弟子が孔子にひっそりと悩みを語ったことに対しての孔子の答えであろう。

桴に乗りて海に浮かばん

孔子の立場は老荘《ろうそう》思想と異なる。あくまでも、暮らしにくいこの人の世を、人間はどのようにして生き抜くのかという立場であるから、常に前向きである。常に価値ある目標を定めてそこに向かって努力する立場である。

孔子は強い人間であった。五十代も半ばを越えてから十数年も流浪《るろう》の生活ができたのは、体力の凄さもさることながら、なんといっても気力・精神力の強さがふつうでなかったことを示している。

しかし、孔子とて生身《なまみ》の人間である。投げ出したいときもあったし、癒《いや》しを求めることもあった。次のような話が残っている。

乱世に嫌気《いやけ》が差した孔子はこう歎いた。「桴《ふ》に乗りて海に浮かばん」（公冶長篇五－七）

と。地理的に言ってこの海が現在の東シナ海を指すことは言うまでもない。それに、そこには夢の世界があるというイメージがあった。と言うのは、東海《とうかい》に蓬萊山《ほうらいさん》という不老不死の仙境があるという伝説があったからである。こうした伝説が生まれた理由の一つとして蜃気楼《しんきろう》（海市《かいし》）がある。蜃気楼は、温度・光線・空気層・海面の状況などの一定の条件が備わったとき、どこかの実在の風景（都市・山野を問わず）が海上の空中に写し出される自然現象である。しかし、そのような理由を知らない古代人はどこかに実在する幻の夢の国というイメージを抱いたのは当然である。古来、この蓬萊山を求めて航海し、日本に漂着した者はかなりいたことであろう。秦《しん》の始皇帝《しこうてい》は不老不死の薬を求めて東海に何度も船を出している。もし孔子が船出していたとすれば、あるいは日本に上陸した可能性がある。

さて、孔子が海にでも浮かぶかと言ったとき、こう続けた。その船出のとき、「我に従う者は、其《そ》れ由《ゆう》なるか」と。由とは、仲由《ちゅうゆう》という名で、字《あざな》が子路《しろ》という弟子のことである。この子路は、豪快な人物であった。子路は自分が従者に選ばれて喜んだが、なぜ孔子は子路の名前を出したのであろうか。

単純に言えば、武闘派の子路だと心強い。用心棒にもなる。しかし、用心棒なら他にもいる。公良孺《こうりょうじゅ》という弟子などは、孔子一行が襲われたとき、「むしろ闘いて死なん」（『史記』孔子世家）と言って奮戦している。

やはり、親しさの度合いであろう。子路は一期の弟子であり、生涯、孔子と苦楽を共にした。その最期は反乱軍と闘って憤死する悲運の人物である。しかも、孔子はその死の報せを聞くのである。

「畏る可し」と「愛す可し」

また、顔回《がんかい》という弟子がいた（二二〇ページ）。顔回は特殊な才能があるわけではなかったが、そこにいるだけで心が癒《いや》され安まるような人物であった。二期に属する弟子であり、孔子にとって姓が顔《がん》の母方の縁者であったと私は推測している（二二五ページ）。孔子には血縁者の顔回という気持ちがあっただろうと思う。顔回もまた子路と同じく、孔子よりも先に死を迎える。そのときの孔子の悲しみ、切々とした気持ちが残っている（先進《せんしん》篇一一―九）。

孔子の弟子は、そのほとんどが孔子よりも若い。その意味では若者である。しかし、若者ということば自体から言えば、晩年の孔子にとってずっと歳下の者、すなわち三期の子夏《しか》や子張《しちょう》たちということになるであろう。

そういう三期の若者たちを孔子が愛したことは言うまでもない。しかし、一・二期の苦楽を共にした弟子に対する気持ちとは、やはり違っていたであろう。孔子が「後生《こうせい》畏《おそ》る可《べ》し」と言ったときの「後生」はおそらく三期の弟子たちに向かって述べたことばであろうかと思う。もし一・二期の弟子たちであるならば、「畏る可し」という距離感のあることばではなくて、それこそ「愛す可し」というような親しみがこめられたことばを使ったのではなかろうか。

三期の弟子たちは、一・二期の弟子たちとやはりどこか違うという気持ちがあったであろう。孔子が一・二期の弟子たちに感じていた全人的な共同体感情的なものではなくて、なにかそこにもどかしい距離感があって、「畏る可し」と表現したのであろうか。

老人と若者との対話は、なかなか難しい。形式的な対話はありえても、内容の充実した対話は困難である。かと言って対話を絶っては、本当に断絶となる。やはり、世代論というような荒っぽい枠組で区別してしまうことなく、同じ人間として、たとい細々としたものであっても、対話は継続してゆきたいものである。

❖　❖　❖

子曰、後生可ㇾ畏。焉知二来者之不ㇾ如ㇾ今也。四十五十而無ㇾ聞焉、斯亦不ㇾ足ㇾ畏也已。

（子罕《しかん》篇九―二三）

一　子《し》曰《いわ》く、後生《こうせい》畏《おそ》る可《べ》し。焉《いずく》んぞ来者《らいしゃ》の今《いま》に如《し》かざるを知《し》らんや。四十《しじゅう》・五十《ごじゅう》にして聞《き》こゆる無《な》きは、斯《こ》れ亦《また》畏るるに足《た》らざるなり。

【現代語訳】

老先生の教え。若い者（後生）を侮《あなど》ってはならない。後輩（来者）よりも現役の者（今）

のほうがすぐれているとどうして分かるのか。〔現役と称しながら〕四十、五十となっても、まだその名が聞こえないようならば、畏《おそ》るるに足りない。

【参考】

「このごろの若い者は」という世代論（若者批判論）は、古くて新しい問題である。この文のように、孔子もまた同じく述べている。ただし、一読したところ、後生（若者）を褒《ほ》めているように見える。しかし、私には、逆に皮肉として褒めているようにも読み取れる。と言うのは、四十歳、五十歳の人々に対する批評の句中、「亦」があるからである。「亦」の常用的意味からすると、「これもまた」とそのままの意味に読んでもいいように読み取れる。とすると「結局は若者に問題があるが、四十、五十になってまだ人の評判にならぬ者もまた問題がある」といった意味に理解できないこともない。解釈がいろいろとなるのはやむをえない。

なお、「年四十にして悪《にく》まる。其《そ》れ終わらんのみ」（七八ページ）という世代論もある。

二　冉求曰《ぜんきゅういわ》く、子《し》の道《みち》を説《よろこ》ばざるに非《あら》ず。力足《ちからた》らざるなり、と。子曰く、力足らざる者《もの》は、中道《ちゅうどう》にして廃《はい》す。今《いま》女《なんじ》は画《かぎ》れり、と。

冉求曰、非レ不レ説二子之道一。力不レ足也。子曰、力不レ足者、中道而廃。今女画。（雍也《ようや》篇六―一二）

【現代語訳】

冉求《ぜんきゅう》が「先生のお考えに不満で実行しないというのではありません。私が力不足なのです」と述べたとき、老先生はこう教えられた。「力不足の者は、中途でやめてしまう。今、お前は〔はじめから自分は力不足で私の考えを実行できないと〕限定してしまっている」と。

【参考】

冉求は謙遜《けんそん》深かったとされている（『論語』先進篇一一―二〇「〔冉〕求や退《しりぞ》く」）。その立場から言えば、この章でも謙遜深さの現れということができよう。

しかし、私はこう考える。孔子は冉求を評して「芸なり」（『論語』雍也篇六―八等）とする。これは多芸多才という意味とされるが、多芸多才とは、器用ということであり、くるくると頭の回転の速い、いわゆる利口な人ということである。

利口な人の場合、頭の回転が速いので、すぐ先々の結果、結論を頭の中で割り出す。そして困難であると判断すると、初めから投げ出してしまう。鈍重なくらい粘《ねば》り強く行なってみるというのは、秀才にとって苦手である。冉求にそういう面はなかったであろうか。

冉求と同じタイプとしては、宰我《さいが》が思い浮かぶ。宰我も頭の回転の速い秀才であった。

三　子《し》曰《いわ》く、譬《たと》えば山《やま》を為《つく》るが如《ごと》きに、未《いま》だ成《な》らざること一簣《いっき》にして止《や》むは、吾《わ》が止むな

子曰、譬如レ為レ山、未レ成一簣止、吾止也。譬如レ平レ地、雖下覆二一

り。譬えば地《ち》を平《たい》らかにするが如きに、一簣を覆《くつが》えして進《すす》むと雖《いえど》も、吾が往《ゆ》くなり。

簣二進上、吾往也。　（子罕篇九―一九）

【現代語訳】

老先生の教え。ものにたとえてみると、山を作ろうとするとき、あと簣《もっこ》に一杯《いっぱい》の土で完成するというのに、そこでやめてしまったならば、やはりやめたということ〔に変わりはない〕。同じくたとえてみると、〔凹凸《おうとつ》のある〕土地を平らかにしようとするとき、たった簣に一杯の土を〔高いところから低いところへ〕入れたとしても、とにかく始めたのであって、それはやはり進むことになる。

【参考】

この山は、庭の築山《つきやま》と解釈してよい。いわゆる山岳の山と解釈するのは、無理がある。一方、『書経《しょきょう》』旅獒《りょごう》篇「山を為《つく》ること九仞《きゅうじん》、功一簣《いっき》に虧《か》く」は「九仞もの山を造っていて、最後の一杯の土が足らず、せっかくの苦労した努力は無となり失敗した」という意味だが、一仞は七尺、一尺は周代で二十二・五センチメートルであるから、九仞は約十四メートル強。これは五階建の建築物ぐらいの高さである。墳ならばその高さぐらいは珍しくない。

四　子《し》貢《こう》問《と》いて曰《いわ》く、師《し》と商《しょう》と孰《いず》れか賢《まさ》れる、

子貢問曰、師与レ商也孰賢。子

と。子《し》曰く、師や過《す》ぎたり。商や及《およ》ばず、と。曰く、然《しか》らば則《すなわ》ち師愈《まさ》れるか、と。子曰く、過ぎたるは猶《なお》及ばざるがごとし、と。

曰、師也過。商也不レ及。曰、然則師愈與。子曰、過猶レ不レ及。
（先進篇一一―一六）

【現代語訳】

子貢《しこう》が「師《し》（子張《しちょう》の名）と商《しょう》（子夏《しか》の名）と、どちらがすぐれていますか」とおたずねしたところ、老先生はこうお答えになった。「師は多いな、商は少ないな」と。子貢は「では師のほうがすぐれているのですか」とおたずねしたが、老先生はこう教えられた。「〔どちらも均衡がとれていないので、ころあい（中庸）ではないという点では、〕多いも少ないも同じことだ」と。

【参考】

孔子の弟子たちは、よく孔子に弟子の品評を求めている。それに対して、孔子は回答を拒否するわけでなく品評している。孔子ならびに孔子学団は、人に対する品評、人のことについて論《あげつら》うことが好きであった。『史記』孔子世家では、孔子が若いころ周の王城に留学し、業が成って帰国するとき、師の老子（老先生）が、孔子に対して「人を議することを好み、人の悪を発《あば》く」と評している。どうもこれは若いころからのものであったと思われる。

これは、つまりは、他人に対する強烈な関心である。これに反して、隠者《いんじゃ》は、自己に対して強烈な関心を抱いている。両者の対比を考えるべきであろう。

五　子游《しゆう》武城《ぶじょう》の宰《さい》と為《な》る。子《し》曰《いわ》く、女《なんじ》人《ひと》を得《え》たるか、と。曰く、澹台滅明《たんだいめつめい》という者有《ものあ》り。行《ゆ》くに径《こみち》に由《よ》らず。公事《こうじ》に非《あら》ざれば、未《いま》だ嘗《かつ》て偃《えん》の室《しつ》に至《いた》らず、と。

子游為㆓武城宰㆒。子曰、女得㆑人焉耳乎。曰、有㆓澹台滅明者㆒。行不㆑由㆑径。非㆓公事㆒、未㆔嘗至㆓於偃之室㆒也。（雍也篇六―一四）

【現代語訳】

〔弟子の〕子游《しゆう》が武城《ぶじょう》の長官となった。老先生がおたずねになった。「人材を得たかな」と。子游はこうお答えした。「澹台滅明《たんだいめつめい》という人物がおります。〔彼は〕どこかに行きますとき、〔正規の道を通り、けっして〕近道（径）を通ることをいたしません。また、公用でなければ、けっして私（偃。子游の名）の自室に入ることをいたしません」と。

【参考】

孔子は、「巧言令色《こうげんれいしょく》、鮮《すく》なし仁《じん》」（三三ページ）と言った。この「令色」は、作り顔ということであるが、しかし、そこにひっかけて容貌の美しさを指している。孔子は異相である。容貌について劣等感を抱いていたであろう。それだけに、容貌について孔子は慎重であったであろうにもかかわらず、人間の習性として、容貌の醜い者は能力においても劣ると思いがちになる。孔子もその錯覚を免れなかった。後に孔子は、容貌の醜さに惑わされて相手を判断し、澹台滅明の場合において失敗したと言っている。同じく、言説のうまさに惑わされて相手を判断し、宰我の場合においても失敗したと言っている（『史記』仲尼弟子列伝《ちゆうじていし》）。

六　子《し》 公叔文子《こうしゆくぶんし》を公明賈《こうめいか》に問《と》うて曰《いわ》く、信《まこと》なるか、夫子《ふうし》は言《ものい》わず、笑《わら》わず、取《と》らず、と。公明賈対《こた》えて曰く、以《もっ》て告《つ》ぐる者《もの》の過《あやま》ちなり。夫子 時《とき》にして然《しか》る後《のち》に言う。人《ひと》 其《そ》の言《げん》を厭《いと》わず。楽《たの》しみて然る後に笑う。人 其の笑うを厭わず。義《ぎ》にして然る後に取る。人 其の取るを厭わず、と。子曰く、其《そ》れ然り。豈《あに》其れ然らん、と。

子問㆓公叔文子於公明賈㆒曰、信乎、夫子不㆑言、不㆑笑、不㆑取乎。公明賈対曰、以告者過也。夫子時然後言。人不㆑厭㆓其言㆒。楽然後笑。人不㆑厭㆓其笑㆒。義然後取。人不㆑厭㆓其取㆒。子曰、其然。豈其然乎。

（憲問《けんもん》篇一四―一三）

【現代語訳】

老先生が公叔文《こうしゆくぶん》（公叔が姓、文は諡《おくりな》）殿《どの》のことについて公明賈《こうめいか》（公明が姓、賈は名。衛《えい》国の幹部とされるが、よく分からない）にこうおたずねになられた。「本当のことでしょうか。あの方は、言わず、笑わず、物を受け取らない、というのは」と。公明賈はお答え申し上げた。「それは、そうお話しした者の誤りです。あの方は、必要なときにはお話しになります。それを聞いた人が嫌《いや》がるということはありません。本当に楽しいときにはお笑いになりますので、厭味《いやみ》がありません。道義にかないますときは、物品をお受け取りになります。人もそれを自然と思います」と。老先生はおっしゃられた。「そうであろう。まちがいなかろう」と。

【参考】

「豈」は、ふつう反語を表す。この文の場合、反語に解釈すると、「豈其然乎」は「どうしてそうであろうか」となる。ところが、その句の前に「其然」（そうだな）とあるので、もし反語に取ると、公明賈の説明について同意して「其然」と言い、次いで公明賈でなく世間の人々の意見は、反語で「豈其然乎」（いや、違う）となる。短い文章の中で、正反対のことを二つ並べるのは不自然であるので、この場合の「豈」は皇侃《おうがん》の解釈に従い、強調の用法として解釈した。そうすると、「其然。豈其然乎」という文全体が、公明賈に対する孔子のことばとなって、しぜんである。

七　子《し》曰《いわ》く、由《ゆう》の瑟《しつ》、奚為《なんす》れぞ丘《きゅう》の門《もん》に於《お》いてする、と。門人《もんじん》子路《しろ》を敬《けい》せず。子曰く、由や

子曰、由之瑟、奚為於㆓丘之門㆒。
門人不㆑敬㆓子路㆒。子曰、由也升㆑

堂《どう》に升《のぼ》れり。未《いま》だ室《しつ》に入《い》らず、と。

堂矣。未レ入二於室一也。

（先進篇一一—一五）

【現代語訳】

老先生がおっしゃった。「由《ゆう》（子路《しろ》）君が瑟《しつ》を弾《だん》じるの〔を聞くと調子が勇ましくて、しかもはずれている。それ〕は、わが塾《じゅく》では無理であるぞ」と。門人たちは子路に敬意をはらわなくなった。すると老先生はこうおっしゃった。「由君は、すでに堂《どう》に昇っている。まだ室《しつ》に入っていないだけだ」と。

【参考】

子路はもともと武闘派である。礼楽に基づいて教養を積むということは苦手であったが、ずいぶんと努力して、身につけていった。孔子に、子路は病死というおだやかな死に方はできないだろうと評された。確かにそのとおりであったが、しかし、その死のとき、冠を結ぶ纓《えい》を切られた。そのとき「君子は死んでも冠を着けておくのだ」と言って、礼の作法どおり纓をしっかりと結んで死んだという（『春秋左氏伝』哀公十五年）。

八　子張《しちょう》　禄《ろく》を干《もと》めんことを学《まな》ばんとす。子《し》曰《いわ》く、多《おお》く聞《き》きて疑《うたが》わしきを闕《か》き、慎《つつし》んで其《そ》の

子張学レ干レ禄。子曰、多聞闕レ疑、慎言二其余一、則寡レ尤。多見闕レ

余《よ》を言《い》えば、則《すなわ》ち尤寡《とがすく》なし。多く見《み》て殆《あや》うきを闕き、慎んで其の余を行《おこ》なえば、則ち悔《く》い寡なし。言《げん》尤寡なく、行ない悔い寡なければ、禄其の中《なか》に在《あ》り、と。

殆、慎行㆓其余㆒、則寡㆑悔。言寡㆑尤、行寡㆑悔、禄在㆓其中㆒矣。

（為政《いせい》篇二―一八）

【現代語訳】
門人の子張《しちょう》が、就職の方法について教えていただきたいと願い出たことがあった。老先生はこう諭《さと》された。「多く学習し疑問点を解き、その他の確かであることについても慎重に発言すれば、まず過《あやま》ちが少ない。多く経験して不安な点を除き、その他の確かであることについても慎重に行動すれば、まず過ちが少ない。発言に過ちが少なく、行動に過ちが少なければ〔世はその人を信頼し招聘《しょうへい》するので〕、就職は自然と定まる」と。

【参考】
清朝の江有誥《こうゆうこう》『音学十書』羣経韻読《ぐんけいいんどく》・論語は、韻を踏んでいる箇所を示してくれているが、『論語』にはそういう箇所は少なく、全体で八ヵ所とする。その内の一ヵ所がこの文である。（ ）内の漢字がたがいに韻を踏んでいるとする。ただし古代の推定音であり、現代の発音と異なる。

多聞闕（疑）、慎言其余、則寡（尤）、

多見闕（殆）、慎行其余、則寡（悔）。

＊「言寡レ尤、行寡レ悔、禄在二其中一矣」の五十沢二郎訳「言行を慎しんで自己に慚《は》じないようにすれば、そこによろこびがある。酬《むく》いを他に求めてはならない」。

九　司馬牛《しばぎゅう》憂《うれ》えて曰《いわ》く、人皆兄弟有《ひとみなけいていあ》り。我独《われひと》り亡《な》し、と。子夏《しか》曰く、商之《しょうこれ》を聞《き》けり。死《し》生《せい》は命《めい》有り、富貴《ふうき》は天《てん》に在《あ》り、と。君子《くんし》敬《けい》して失《うしな》うこと無《な》く、人《ひと》と恭《うやうや》しくして礼《れい》有らば、四海《しかい》の内《うち》、皆兄弟為《た》り。君子何《なん》ぞ兄弟無きを患《うれ》えん、と。

司馬牛憂曰、人皆有二兄弟一。我独亡。子夏曰、商聞レ之矣。死生有レ命、富貴在レ天。君子敬而無レ失、与レ人恭而有レ礼、四海之内、皆為二兄弟一也。君子何患三乎無二兄弟一也。（顔淵《がんえん》篇一二―五）

【現代語訳】

司馬牛《しばぎゅう》が落ちこんで言った。「世の中の人には、みな兄弟がいるのに、私にはいない」と。子夏《しか》がこう慰めた。「私（商。子夏の名）はこう学んだ。死ぬも生きるも、〔すべて〕運命があり、〔同じく〕財産も地位も天命のままだ、と。教養人たる者、自重して失礼がなく、他者に対しては謙遜して礼儀を重んじているならば、世の中の人々がみな自分の兄弟のようなものになる。実の兄弟がないからといって、どうして落ちこむのだ」と。

【参考】

①司馬牛の兄の桓魋《かんたい》が乱を起こそうとしていたことを憂えたとするのが通解である。すなわち、桓魋はいずれその悪事で命を落とすであろうことから起こる事態を指している。なお、司馬牛の兄弟は五人だったとされているが、桓魋だけでなくその内の二人（子頎《しき》・子車）も桓魋と同類であったと伝えられる。

②この文の「死生は命有り、富貴は天に在り」は、『論語』中でも屈指の重要なことばである。孔子は、中国人一般と同じく、自分を信じ、自力で行動することを善とした。けれども、子夏は孔子から学んだとして、このことばを伝えている。

子夏は孔子晩年の弟子であるから、孔子のこのことばもおそらくは晩年のものと考えてよいだろう。しかし、それはすべてを運命に託するという運命論の意味ではなくて、人事の最善を尽くしたあとを決めるものとして把《と》えている。なぜならその下の「君子敬して……」は、人事を尽くせという意味だからである。

第九章　人生用心ノート

日本・日本人を論ずるなら

書店に行くと、「一日一話」とか、「中国名句集」とかといった種類の本が並んでいる。毎日、一ページ分くらいを読むというのであろう。日めくりカレンダーに毎日なにかことわざを刷りこんでいるのと同種である。しかもそれが好まれる。

世の人々が好きなのは、勧善懲悪物語である。ことわざである。悪徳物語は好まれない。

あるシンポジウムにパネラー（発言者）として出席したときのことである。西洋哲学専攻のパネラーが発表した内容は、西洋人の名前を出してはその思想を説明する。ところが、文章としても難しいことばを口頭でするものだから、聞いていてなにがなんだか分からなかった。私もパネラーとして演壇に並んでいたが、そこから会場を見ている限り、大半は眠っていた。次に私の順番がきたとき、まず「西洋の人は難しいことを考えているんですね」と皮肉を振ったら、聴衆の相当数が笑った。

世の人々が求めているのは、分かりやすい内容なのである。自分の問題として考えることができる身近な内容なのだ。つまりは、人生における良き知恵を求めているのである。

ところが、それが分かっていないのが、いわゆる知識人である。国・数・英のお勉強しか知らない人々である。さらに付け加えるならば、欧米のことは多少知っているものの、儒教も神道《しんとう》も日本仏教も知らない、つまりは東北アジアのことはなにも知らない〈精神の無国籍者〉である。

日本人として、日本のことを考え、日本のことを論じようとするならば、歴史的背景として、少なくとも江戸時代からの伝統を踏み、読書人のかつての必読書であった四書《ししょ》ぐらいは読んでおけと言いたい。

俗に、かつてはだれしも儒教の四書五経《ししょごきょう》を学んだとよく言われているが、それは嘘である。五経（易《えき》・詩・書・春秋・礼記《らいき》）を学び切るには時間も学力も必要であり、だれもが学び切ったわけではない。しかし、五経を学習する前提としての四書を学んだ者は山ほどいた。と言うよりも、一般人としては、四書の学習をもって、ある意味では十分であった。

せめて『論語』は

四書とは、「大学《だいがく》」・「中庸《ちゆうよう》」・『論語』・『孟子《もうじ》』を指す。「大学」・「中庸」は、それぞれ『礼記』（五経の一つ）という重要文献の内の一篇であるが、わざわざこの二篇を抜き出したのである。かなり古くから「中庸」は特によく読まれるなどの歴史があったが、最終的には、宋《そう》代の朱子《しゆし》（朱熹《しゆき》・十二世紀）が「大学」・「中庸」の二篇に『論語』・『孟子』を加えて四書

(学・庸・論・孟と略称)とし、みずから注解を加えたのである。この朱子の注解が、その後、東北アジアの標準的解釈の地位を得るようになる。

この四書、それも朱子の解釈に拠っての注解が、日本では江戸時代以来、盛んとなる。明治以後もそうであった。敗戦後は別である。朱子の解釈がどうこうということどころか、漢文自体が見捨てられてきたのだから。

しかし、日本文化論あるいは日本論・日本人論を述べようとするならば、せめて四書に目を通すくらいは最小限の作業、いや義務であろう。しかし、現実はそうではない。諸領域を含めて日本の研究者において、四書どころか、『論語』一書を読了した人は少ない。それでも研究者として通っているのである。理系はともかく、文系研究者はそれでいいのか。

この『論語』を読んで得られるものの一つは、人生における良き知恵である。もちろん、古典は常に良き知恵を与えてくれるが、日本人に最も親しみやすい古典は、なんと言っても『論語』である。「一日一話」や「中国名句集」などという、物知りになるための雑本を読むよりも、はるかに多くの〈人生における良き生きた知恵〉を得ることができるであろう。その知恵は、もとより人生の用心棒となる。

人生の岐路で古典を

われわれの人生は、けっして平坦な道ではない。難所急所の連続である。のみならず、思わぬ交通事故もあるし、関所もあろう。そういう困難に出合ったとき、人は何を頼りにするであろうか。

さまざまな支援はあるであろう。家族・友人・先輩と。それはそれで心強い。しかし、最後の決断は、やはり己《おのれ》一人でしなければならない。孤独な決断である。悩みに悩むことであろう。迷いに迷うことであろう。そのようなとき、背中を押してくれるものが古典ではなかろうか。

人間は弱い存在である。すべてを独《ひと》りで背負いこむのは、なかなか耐えがたい。その重圧にへし折れそうになる。逃げ出したいくらいである。

しかし、逃げることはできない。自分が立ち向かわなければならない。そういうとき、古典のことばに従うとすれば、気持ちが明るくなり、気分が軽くなる。なぜなら、己一人が背負うべき重荷を古典がその半分を担《にな》ってくれるからである。それだけではない。決断の理由を古典のことばに従ったとして自分なりに合理化できるので気が楽になる。

人間は脆《もろ》く頼りない存在である。苦しいとき、悲しいとき、辛《つら》いとき、何かに縋《すが》りたくなる。そのようなとき、人は、たとえば宗教にこれを求め、信仰に入ることがおそらくあるであろう。

しかし、宗教だけがすべてではない。古典は宗教と同等、あるいはそれ以上の力を発揮することがある。

『易経』で最終決断した

私はかつて非常に辛い困難なことに出合ったことがある。あれこれ苦慮し、率直に言って、どのようにすればよいのか分からなくなった。しかし、決断の時が迫ってくる。そうなると、解決方法がしだいに絞《しぼ》られてきて、結局、選択肢は二つになった。しかし、どちらを取っていいのか分からない。その二つは、比較して言えば、積極策と消極策ということになろう。どちらがいいのか分からず、迷いに迷った挙句《あげく》、ついに古典に拠《よ》ることとした。

そして選んだ古典が『易経《えききょう》』であった。五経の一つである。私は中国思想の研究者であるから、儒教文献の『易経』は親しい書物である。この『易経』に基づき、正式の方法を使って生まれてはじめて占ったのである。

念のために言えば、大道《だいどう》の易者が占う易など私は信用しない。占うべきことを真剣に自力で絞りこんだあと、自《みず》ら易占《えきせん》をするのは、実は自分の決心のためであって、易者のような他人に頼っての決心ではない。

私の場合、積極策か消極策か、二つに一つということであって、そこまで自力で絞りこんでいた。だから、この両策それぞれに長所もあれば短所もあり、一長一短というところである。どちらを取っても、それなりに納得できる。しかし、どちらを取ってよいのか迷いの中で易占をしたのである。

すると、〈益《えき》〉という卦《か》（䷩）が出た。そこに「大川《たいせん》を渉《わた》るに利《よろ》し」とあった。前進、ということである。私は古典のこのことばを信じてしっかと積極策を選んだのであった。

今から思えば、私の気持ちとしては積極策と思っていた。しかし、ためらいがあったことは否《いな》めない。そのとき、『易経』から現れたことばが私の背中を押したのである。

君子に三戒あり

古典自体はすぐれた知恵の宝庫である。しかし、宝庫のままにとどめず、その宝庫に入ること、古典を活用することが、人生のすぐれた知恵である。

さて、その〈人の世〉であるが、明るく楽しく気持ちよく過ごせることは、まずない。まして、清く正しく美しく生きることは困難である。この〈人の世〉は、〈理不尽の世〉であるという覚悟が必要である。もっとも、大道易者風に「晩年は幸せである」としておこう。信じておこう。そうでなくては、やっていられない。

その〈理不尽の世〉を生きてゆかねばならないのであるから、なによりも人生の用心が肝腎である。

たとえば、伝聞の話、根拠のない話、思いこみの話など、そのような話は胸にしまって他者に告げないことである。これ一つを守るだけで（まただれでも決心すればそうできる）、理不尽を相当に避けることができる。

しかし、そういう簡単なことが、現実には守られていない。居酒屋で、そばで話しこんでいる会社員の会話が聞こえてくるときがあるが、その内容のほとんどは会社の人間関係の話ばかりである。有ること無いこと、大声でよく話すものである。もちろん、天下国家の話などは滅多に出てこない。

人生、用心が肝腎である。『論語』の君子《くんし》三戒《さんかい》（一九六ページ）はその代表であろう。「少《わか》き時は、血気《けっき》未《いま》だ定まらず」――血気とはもともとは文字どおり血液と気息（呼吸）とのことで、生きている動物を表す。いわゆるその血気が落ちつかず、血のまま、気息のまま、抑えられずに動く状態が「血気盛ん」であり、元気な若者のさまを指している。

そのころは、知性や徳性の乏《とぼ》しい状態であるから、性欲が前面に出てきての行動となる。それが犯罪的になったときがストーカーである。孔子は言っている。青年期の用心は、「色《いろ》に在《あ》り」と。

続いて、壮年期になると、「血気方《まさ》に剛《つよ》し」。血気が安定し、自信もあり、己の見識もできてくると、財産や地位をめぐって競争となる。当然、権力闘争ということになり、人間関係は離合集散し、複雑となり、勝ち組、負け組などと言いだす。孔子は言っている。壮年期の用心は、「闘《たたか》いに在り」と。

そして、人はだれでも老年期を迎える。老年の特徴は、古今東西を問わず共通している。すなわち、喪失であり、そのあとに続く喪失感である。老年になれば、失うことがほとんどである。身辺の親しい人の死を送る。かつての職場の人間関係も失う。住居のない人は身心ともに安住の場所はない。そして日々、財産を取り崩してゆく。他者は老人を見棄てる。こうなると、人間を信ぜず、物だけを信じることになる。物欲である。それをだれも嗤《わら》うことはできないが、哀《かな》しい話である。孔子は言っている。老年期の用心は、「得《とく》（物欲）に在り」と。

本章には、こうした人生用心ノートのいくつかを収めているが、なにも本章に限るわけではない。本書引用の『論語』の文のほとんどすべてが、人生用心ノートである。その眼で何度も読み返していただきたい。

もちろん、『論語』に限らず、古典はすべて人生用心ノートである。しかし、『論語』は古典の中の古典であり、東北アジアという広大な地域において、過去の厖大《ぼうだい》な人々が愛読してきた。おそらく、キリスト教文化圏において読まれてきた『新約聖書』に匹敵する。あえて言えば、『論語』『新約聖書』は永遠のベストセラーである。しかし、神道《しんとう》や日本仏教においては、これに匹敵する一般性のある代表的文献はない。こうした事実をしかと胸に刻むべきである。

❖ ❖ ❖

一 子《し》游《ゆう》曰《いわ》く、君《きみ》に事《つか》えて数《はや》からんとすれば、

子游曰、事レ君数、斯辱矣。朋友

斯《すなわ》ち辱《はずかし》めらる。朋友《ほうゆう》に数からんとすれば、斯ち疏《うと》んぜらる。

数、斯疏矣。（里仁《りじん》篇四―二六）

【現代語訳】
子游《しゆう》の意見。主君に仕えてすぐ親しくなろうとすると〔敬意が省略され〕、罪を得やすい。友人と交わってすぐ親しくなろうとすると〔うるさく思われ〕、向こうが逃げてしまう。

【参考】
『礼記《らいき》』表記篇に「君子の接するや、水のごとく、小人《しょうじん》の接するや、醴《れい》（あまざけ）のごとし。君子は、淡にしてもって成り、小人は、甘にしてもって壊《こぼ》つ」とある。しかし、これは儒家だけの考えではなくて、『荘子《そうじ》』山木篇に「君子の交わりは淡きこと水のごとく、小人の交わりは甘きこと醴のごとし。君子は淡にしてもって〔長く〕親しみ、小人は甘にしてもって〔いつかその仲は〕絶つ」とある。

二　子曰《しいわ》く、約《やく》を以《もっ》て之《これ》を失《うしな》う者《もの》は、鮮《すく》なし。

子曰、以レ約失レ之者、鮮矣。（里仁篇四―二三）

【現代語訳】

老先生の教え。貧困（約）ならば、それ以上、もう失うものはない。〔根性《こんじょう》がすわっておれば、あとは逆に上昇することとなる。〕

【参考】

①この「約」を、「約束」の「約」と解する立場もあるが（照井全都《てるいたかくに》『論語解』）、「倹約」の「約」と解釈するのが多い。孔子は農民出身であり、農民の節約感覚が身についていたと考えたい。

②劉宝楠《りゅうほうなん》は、「約を以てせよ」で切り、そして「之を失する者鮮《すく》なし」と読んでもいいとする。すなわち「以レ約。失レ之者、鮮矣」である。

〓子《し》曰《いわ》く、貧《ひん》にして怨《うら》む無《な》きは、難《かた》し。富《と》みて驕《おご》る無きは、易《やす》し。

子曰、貧而無レ怨、難。富而無レ驕、易。（憲問《けんもん》篇一四―一〇）

【現代語訳】

老先生の教え。生活が苦しいとき、運命や社会を恨《うら》まないでいるのは難しい。しかし、金持ちだと、驕《おご》り高ぶることを抑えるのは、〔比較的には〕たやすい。

【参考】

『論語』学而篇《がくじ》一─一五で、孔子の弟子の子貢《しこう》が、「貧にして諂《へつら》うこと無く、富みて驕《おご》ること無くんば、何如《いかん》（いかがでしょうか）」と孔子に質問している。孔子は、まあまあよろしいと答え、さらにこう言っている。貧しくとも人間の生きかたを考えたり、豊かであっても世の道理を求めようとする者には及ばない、と。

四　子路《しろ》君《きみ》に事《つか》うるを問《と》う。子《し》曰《いわ》く、欺《あざむ》くこと勿《なか》れ。而《しか》して之《これ》を犯《いさ》めよ、と。

子路問レ事レ君。子曰、勿レ欺也。而犯レ之。（憲問篇一四─二二）

【現代語訳】

主君にはどのように仕えるのでしょうかと子路《しろ》が質問した。老先生はお答えになられた。「だましてはならない。〔まごころを尽くせ。〕そして、諫《いさ》めることだ」と。

【参考】

『礼記』檀弓《だんぐう》上篇「親に事《つか》うるには、〔諫めるときは〕隠すありて、〔顔を〕犯すなし（中略）。君に事うるには、〔諫めるときは〕犯すありて隠すなし。（中略）師に事うるには、〔諫めることはなく師のあるままにして〕犯すなく隠すなし」とある。「隠」はおだやかに諫めること、「犯」はきびしく諫めることである。

五　子《し》曰《いわ》く、躬《み》自《みずか》ら厚《あつ》くして、薄《うす》く人《ひと》を責《せ》むれば、則《すなわ》ち怨《うら》みに遠《とお》ざかる。

子曰、躬自厚、而薄責㆓於人㆒、則遠㆑怨矣。（衛霊公《えいれいこう》篇一五―一五）

【現代語訳】

老先生の教え。自分の責任を問うことは厳しくし、他者のそれは穏やかにすれば、人から怨まれることがなくなるであろう。

【参考】

この文の直前の文では「臧文仲（魯国の高官）は、それ位《くらい》を窃《ぬす》む者か」というような、ひどい罵倒をし、この文では一転して謙虚なことばを述べる。孔子は、この二者すなわち他者批判と自己批判との間をいつも揺れ続けていた人物である。

もし、人間を陽（外向）型・陰（内向）型と分けるとすれば、たとえば、アポロン型とディオニュソス型と、あるいはドン・キホーテ型とハムレット型といった分け方が有名であるが、あえて中国のことばで言えば、士《し》大夫《たいふ》型と隠者《いんじゃ》型ということになろうか。

六　子《し》曰《いわ》く、已《や》んぬるかな、吾《われ》未《いま》だ能《よ》く其《そ》の過《あやま》ちを見《み》て、内《うち》に自《みずか》ら訟《せ》むる者《もの》を見ざるなり。

子曰、已矣乎、吾未㆑見㆘能見㆓其過㆒、而内自訟者㆖也。（公冶長《こうやちょう》篇五―二七）

【現代語訳】

老先生の歎き。残念だな。私は、己の過ちを認め、心の中で己を責めることができる者に出会ったことがないのだ。


【参考】

荻生徂徠『論語徴』は、この文を、高弟の顔淵《がんえん》の死後のこととし、「顔子（顔淵）は過ちを弐《ふたた》びせず。けだし顔子の死後、かくのごとき人を見ること少なし。（中略）夫子の嘆ずるゆえんなり」と述べる。

七　子夏《しか》莒父《きょほ》の宰《さい》と為《な》り、政《まつりごと》を問《と》う。子曰《しいわ》く、速《すみ》やかならんことを欲《ほっ》する無《な》かれ。小利《しょうり》を見《み》ること無かれ。速やかならんと欲すれば則《すなわ》ち達《たっ》せず。小利を見れば、則ち大事《だいじ》成《な》らず、と。

子夏為㆓莒父宰㆒、問㆑政。子曰、無㆑欲㆑速。無㆑見㆓小利㆒。欲㆑速則不㆑達。見㆓小利㆒、則大事不㆑成。

（子路《しろ》篇一三―一七）


【現代語訳】

子夏《しか》が莒父《きょほ》という地の長官となり〔赴任に際して〕政治の心構えをおたずねした。老先生はこう教えられた。「成果を急がないことだ、目前の小利を求めないことだ。速く成果をと思うと、〔障害が現れ、目的に〕到達しない。小利に目がくらむと、大きな仕事が完成しない」と。

【参考】

子夏については、「文学には、子游《しゆう》・子夏あり」（『論語』先進《せんしん》篇一一―三）と評され、「師（子張《しちょう》）や過ぎたり。商（子夏）や及ばず」（一七五ページ）と控え目であることが伝えられている。性格的には、謹厳で細かいことをきちんとする人物であったようだ。だから、学者としてはともかく、大きな器量が必要な為政者としては、危ぶむところが孔子にあったのであろう。この文は、子夏に対して説教している感じがあることは確かである。

八　孔子《こうし》曰《いわ》く、君子《くんし》に三戒《さんかい》有《あ》り。少《わか》き時《とき》は、血《けつ》気《き》未《いま》だ定《さだ》まらず。之《これ》を戒《いまし》むるは色《いろ》に在《あ》り。其《そ》の壮《そう》なるに及《およ》びては、血気方《まさ》に剛《つよ》し。之を戒むるは闘《たたか》いに在り。其の老《お》ゆるに及びては、血気既《すで》に衰《おとろ》う。之を戒むるは得《とく》に在り。

孔子曰、君子有㆓三戒㆒。少之時、血気未㆑定。戒㆑之在㆑色。及㆓其壮㆒也、血気方剛。戒㆑之在㆑闘。及㆓其老㆒也、血気既衰。戒㆑之在㆑得。（季氏《きし》篇一六―七）

【現代語訳】

孔先生の教え。教養人とて三つの戒めがある。青年期（少。二十九歳以下）は身体の欲求が不安定で動物的である。その性欲（色）を戒めよ。壮年期は身体の欲求が盛んであるので他者に負けまいとする。その競争欲（闘）を戒めよ。老年期（老。五十歳以上）は身体の欲求が衰え失うことを恐れる。その物欲（得）を戒めよ。

【参考】

この三戒は、青年期の色欲、壮年期の権勢欲、老年期の物欲と、人間のだれしもが持つ欲望の突出期を示しており、これはおそらく孔子自身の戒めということであろう。

なお、孔子はエネルギーに満ちた人間であった。十七歳のころ季孫《きそん》氏が〈士〉を求めたのに応じたことがあった。その少年孔子を見た陽虎《ようこ》という、季孫氏の最有力家老（主人の季孫氏を通じて、実質的に魯《ろ》国を動かしていた人物）は、おまえら小僧の来るところではない、と言って追い返している。これが、世に出ようとする孔子の最初の挫折となった。そしてその後、陽虎とは運命的なライバルとなる。

九　子《し》曰《いわ》く、孟之反《もうしはん》伐《ほこ》らず。奔《はし》りて殿《しんがり》す。将《まさ》に門《もん》に入《い》らんとするとき、其《そ》の馬《うま》に策《むち》ちて曰く、敢《あ》えて後《おく》るるに非《あら》ず。馬進《すす》まざるなり、と。

子曰、孟之反不レ伐。奔而殿。将レ入レ門、策二其馬一曰、非二敢後一也。馬不レ進也。（雍也《ようや》篇六―一五）

【現代語訳】

老先生の教え。孟之反《もうしはん》は自慢をしない人であった。〔魯《ろ》軍が斉《せい》軍と戦って〕敗走したとき、殿軍《でんぐん》の長の役割を果たした。〔そして、安全な陣地にたどり着き、その〕軍門に入ろうとするとき、馬に鞭《むち》をあてて急がせ、こう言ったという。「自分から殿《しんがり》をしたわけではござらぬ。馬が進みませんでな」と。

【参考】

①『爾雅《じが》』釈宮に拠《よ》れば、動く場合、室（居室）では「時」、堂上では「行」、堂下では「歩」、門外では「趨《すう》」、中庭では「走」、大路では「奔」と言うとする。

②佐藤一斎『論語欄外書』は、孟之反のことばは、作意的に印象づけたものであって、実は誇（伐）っているものだと解釈している。

③最後尾の軍隊が殿軍《でんぐん》（殿《しんがり》）。敗走のとき、敵の追撃を止めつつ本隊の退却を助ける役目で、殿軍の指揮官は力量がなければ務まらない。

第十章　孔子像

荘子による、孔子と顔回との対話

家の解体工事があり、新しい建物ができる。やがてほんの数ヵ月も経《た》つと、以前、どういうものが建っていたのか、いや何がそこにあったのかということすら、曖昧《あいまい》となる。

人間の記憶とは頼りないものである。まして遠い昔のこととなると、ほとんどが忘れ去られてゆく。もっとも、大きな事件の場合は、話の大筋は伝えられてゆく。しかし、個人の伝記となると、よほどの人物でないかぎり記録は残らない。

釈尊《しゃくそん》にしても、キリストにしても、特別な人物であったから記録が残った。孔子も同様である。

孔子の伝記としては、司馬遷《しばせん》の『史記《しき》』孔子世家《せいか》・仲尼弟子《ちゅうじていし》列伝が最初のまとまったものである。もっとも、孔子より後、司馬遷の前、その間の文献に孔子のことがいろいろと記録されている。しかし、それが事実であるのかどうかの判断はなかなか難しい。

たとえば、孔子の立場に批判的であった『荘子《そうじ》』人間世《じんかんせい》篇に、孔子と孔子が愛した弟子の顔回《がんかい》との長い対話がある。しかし、それはフィクションである。荘子《そうし》は孔子とその一門とのことをよく研究しており、孔子らの生活を踏んでそこに自説を被《かぶ》せている。

顔回は貧しい生活をしていたことで有名である（二一四ページ）。そこでそのことを踏んでこういう話を創《つく》っている。出だしは、天下国家の話に無縁であった顔回が何を思ったか、混乱した衛《えい》国（孔子一行はこの国によく世話になった）の政治改革に行こうとする。それに対して孔子があれこれと老荘《ろうそう》思想的に批判する。やりこめられた顔回は逆ギレして、じゃ、どうすればいいんですかと問うと、孔子は「斎《さい》」（ものいみ）をせよと答えた。すると顔回は、私は貧乏で酒も飲まず、葱《ねぎ》・薤《にら》や肉も食べておりません。身体は斎《ものいみ》しているようなものですが、と言った。すると孔子は諭《さと》してこう述べた。身体の斎ではなくて「心斎《しんさい》」（こころのものいみ）が必要だと。

このように、荘子は、儒家《じゅか》を戯画化して自分の思想を表現しているわけである。荘子は、儒家の孟子《もうし》と同時代であり、孔子よりも百五十年ほど後の人物である（紀元前三六五？～前二九〇？年）。

『荘子』中のこういう儒家像はフィクションではあるが、顔回の貧しい生活を舞台に使うなど小道具には真実が見え隠れしている。そのような文献は他にもある。

新しい孔子像をもとめて

というふうに、孔子のことは、その没後、相当に広く知られていた。しかし、儒家は、しだいに地位を高めていってはいたものの、ずっと後の漢《かん》帝国によって国教となった紀元前一三六年（五経博士《ごきょうはかせ》を置く）まで、一般的に言えば、民間における諸思想の一つであった。孔子たちの言行録である『論語』がまとまった形となるのは、孔子の孫弟子たちあたりらしいので、諸材料から『論語』に収めるべきかどうかという取捨選択がそのころなされたであろう。すなわち、『論語』が成立したころに一つの孔子像が誕生したわけである。その『論語』を資料に敷きつつ物語として再構成したのが、前引の司馬遷であった。

以来、孔子伝が数多く生まれてきたが、率直に言ってその大半は伝統的な聖人孔子伝であって、人間としての孔子が見えていなかった。しかし、吉川幸次郎《よしかわこうじろう》『中国の知慧——孔子について』（新潮社、昭和二十八年。のち筑摩書房刊『吉川幸次郎全集』第五巻所収）、白川静《しらかわしずか》『孔子伝』（中央公論社、昭和四十七年。文庫版も）の両著では、孔子が生きていた。私はこの両著を目標にして、写実的孔子伝を書いた。その際、蟹江義丸《かにえよしまる》『孔子研究』、林泰輔《はやしたいすけ》『論語年譜』（大倉書店、大正五年。のち昭和五十一年に国書刊行会）の両著に大変な恩恵を蒙《こうむ》りつつ、『孔子——時を越えて新しく』（集英社、昭和五十九年。文庫版も）を著した。

同書あとがきに、私の孔子像を次のように述べている。「構想に時間がかかったが、結局、「故《ふる》きを温《あたた》めて新しきを知れば、もって〔自分の〕師たるべし」〈為政《いせい》〉という『論語』のことばどおり、孔子伝の中に、現代人や現代社会に今も通ずるものがあるという強い思いに至った。つまり、孔子伝の中に、時空《じくう》を越えて、人間や社会が持っている普遍的な問題を新しく見てゆこうと思ったのである。私の孔子像は、今も現実にそこここに生きている人間としてという意味では、写実的孔子とでも言おうか」と。そして「温故知新《おんこちしん》（故きを温めて新しきを知る）」（本書四五ページ）を書名『孔子』の副題とした。「時を越えて新しく」と訳して。

人知らずして慍らず

孔子の一生とは、われわれと同じく、世俗的欲望にふくらみ、その欲望に圧《お》されてもがき続けた生涯であった。孔子は待ち続けたのである。自分が世に出るチャンスを。

それを最もよく表しているのは、『論語』の最初のことばである（五七ページ）。「学びて時《つね》に之《これ》を習う」とは、こういう意味である。自分が認められていつ召し出されるのか、それは分からないけれども、絶えず準備していないと、ものの役に立たない。自分が抜《ばっ》擢《てき》されないからといって不平のまま怠惰《たいだ》に日を送り、せっかく学んだことが錆《さび》ついてしまうようであってはならない。だから「時《つね》に」一剣を磨くのだ。そういう厳しい意味である。

それは辛《つら》く苦しい耐える日々である。そういうときに、突然、遠くの友が訪れてきた。おう、お前か。「朋《とも》 遠方自《よ》り来たる有り」——友は私を忘れていない。こんな嬉しいことはないではないか。

友と徹夜で語り明かしたことであろう。交通の不便なそのころ、もう二度と会えないかもしれない。翌日、去ってゆく友を送った孔子は、さらに己《おのれ》を戒めるのであった。「人 知らずして慍《いか》らず」――世間に私の能力を見る目がないとしても、それに耐えるべきであって、不平不満を言い、怒ったりしてはならないのだ。世間はだれも俺を知らないのかと口に出しては、男が廃《すた》るというものである。他人が自分を知らないと言って腹を立てたとしたならば、では、お前こそ他人のすぐれた才能を見つけ、世に紹介したのかということになるではないか。

『論語』冒頭の文は、そのような意味であると私は思っている。

それと対《つい》になっているのが、『論語』最後の文（一五九ページ）である。この文は、『論語』冒頭の文が孔子の、おそらく「三十にして立つ」ころのものと思われるのに対して、最晩年のころの文の感じである。そこには、静かに人間一生のありかたを整理した達観のようなものを感じるからである。一五九ページの同箇所にもどってもう一度読んでいただきたい。

高橋和巳と『論語』と

孔子は家庭的にはあまり恵まれなかった。少年時代に両親を喪《うし》なっている。また、結婚はしたものの、離別している。鯉《り》という子がいたが、あまりできはよくなかったようである。鯉は孔子よりも先に亡くなっている。もっとも孫の子思《しし》は俊才であった。

そのようなこともあったためか、孔子は弟子たちを愛した。それは『論語』中にいくつもの例がある。もっとも、逆にあまり好感を持たなかった弟子もいた。宰我《さいが》がその代表である（一六七ページ）。それはそうであろう。弟子が多ければいろいろな者がおり、そうなっても不思議ではない。

孔子と弟子との間のできごとで、最も劇的なのは、今日では完治できるが、かつては不治とされたハンセン病を患《わずら》った弟子冉伯牛《ぜんはくぎゅう》を見舞ったときのことである（二二一〜二二二ページ）。中国文学研究者であり作家であった故高橋和巳《たかはしかずみ》は、『論語――私の古典』（『高橋和巳全集』第十二巻、河出書房新社、昭和五十三年）においてこう述べている。

特別な官位もなかった一弟子冉耕《ぜんこう》（伯牛）が住んでいた家がどんなだったか、いま知るすべもない。しかしそれは想像することができる。おそらくは（中略）土で作られた狭い家。しかも（中略）病《や》んで薄暗い一室にとじこもっていたのであろう。孔子がわざわざ（中略）立ちよる。だがおそらくは容姿もくずれて正常な師弟の対面もできず（中略）壁ごしに孔子と語らったのであろう。そしておそらくは別れぎわ、孔子は窓から……その窓もおそらく小さな明りとりにすぎない窓から手をさしのべる。冉耕はたぶん涙しながら、合掌《がっしょう》するように孔子の手を両手ではさむようにしたであろう。

このときに発した孔子のことばが、「命《めい》なるかな。斯《こ》の人にして、斯の疾有《やまい》り。斯の人にして、斯の疾有り」である。高橋和巳がさらに続けて述べることばを引いておきたい。

そのあまりにも簡単な言葉が、この人間世界のいかんともしがたい〈不条理〉に対する、いかんともしがたい歎息であったことが解《わか》ってくる。汲々《きゅうきゅう》として徳行にはげみ、そしてなんら酬《むく》われることなく業病《ごうびょう》に倒れてゆく人間存在。あくまで現実的な思想家である孔子は、神にすがれとも言わず、天の道があやまっていると怒りもしない。しかし、激烈な言葉を吐くことなく、ただ歎息したにすぎぬことが、また孔子という人間存在の偉《えら》さを物語る。感動がじわじわと胸をつき、こうでしかあり得ない人間と人間との交わりの姿が、時空《じくう》を超《こ》えてよみがえる。このようにして、私にはある時期に、はっと『論語』がわかったのだった。（中略）かつては壁に投げつけるという矯激な振舞いに及んだ同じ書物が、いまは、内部から私を励ます書物に転じている。その転換がいつ行われたのか、自らはつまびらかにしないのだが、その変化によって、また一度限りの自分の生の、いささかの起伏をも自覚する。

❖　❖　❖

一　子《し》曰《いわ》く、吾《われ》十有五《じゅうゆうご》にして学《がく》に志《こころざ》す。三《さん》十《じゅう》にして立《た》つ。四十《しじゅう》にして惑《まど》わず。五十《ごじゅう》にし

子曰、吾十有五而志㆓于学㆒。三十而立。四十而不㆑惑。五十而知㆓

て天命《てんめい》を知《し》る。六十《ろくじゅう》にして耳順《みみしたが》う。七十《しちじゅう》にして心《こころ》の欲《ほっ》する所《ところ》に従《したが》いて矩《のり》を踰《こ》えず。

天命㆒。六十而耳順。七十而従㆓心所㆑欲不㆑踰㆑矩。（為政《いせい》篇二―四）

【現代語訳】

老先生最晩年の回想。私は十五歳になったとき、学事に心が向かうようになった（志《し》学《がく》）。三十歳に至って独《ひと》りで立つことができた（而立《じりつ》）。やがて四十歳のとき、自信が揺るがず、もう惑うことがなくなった（不惑《ふわく》）。五十歳を迎えたとき、天が私に与えた使命を自覚し奮闘することとなった（知命《ちめい》）。〔その後、苦難の道を歩んだ経験からか、〕六十歳ともなると、他人のことばを聞くとその細かい気持ちまで分かるようになった（耳順《じじゅん》）。そして、七十のこの歳、自分のこころの求めるままに行動をしても、規定・規範（矩）からはずれるということがなくなった（従心《じゅうしん》）。

【参考】

二五一ページ以下の「第十二章　孔子の生涯とその時代と」を参照されたい。

二　子《し》太廟《たいびょう》に入《い》りて、事毎《ことごと》に問《と》う。或《ある》ひと曰《いわ》く、孰《たれ》か鄹人《すうひと》の子《こ》　礼《れい》を知《し》ると謂《い》えるか。太廟に入りて、事毎に問う、と。子　之《これ》を聞《き》き

子入㆓太廟㆒、毎㆑事問。或曰、孰謂㆓鄹人之子知㆑礼乎。入㆓太廟㆒、毎㆑事問。子聞㆑之曰、是礼

て曰く、是《こ》れ礼なり、と。

也。

（八佾《はちいつ》篇三—一五）

【現代語訳】

老先生は大廟《たいびょう》（原文では「太廟」）での祭式において、事《こと》ごとに長上の経験者にたずねられた。これを見て、ある人がこう譏《そし》った。「あの鄹《すう》（孔子の出身地）野郎、礼の先生と誰が言ったのよ。大廟ではなんでもかんでも人に聞いてたぜ」と。この話が老先生に伝わると、こうおっしゃった。「〔知っていても過《あやま》ちのないように確かめる。〕それが礼なのである」と。

【参考】

大廟は、孔子が仕えている魯《ろ》国の始祖（第一代）である周公を祭った廟（御霊屋《みたまや》・御廟）である。日本仏教において言えば、大きな仏壇のようなもの。

三　牢曰《ろういわ》く、子云《しい》えらく、吾《われ》試《もち》いられず。故《ゆえ》に芸《げい》あり、と。

牢曰、子云、吾不レ試。故芸。

（子罕《しかん》篇九—七）

【現代語訳】

〔老先生の弟子の〕牢《ろう》の記録。老先生はこうおっしゃっていた。私は世に用いられなかった。だから、〔生きてゆくために〕いろいろと技芸が身についたのだ、と。

【参考】

牢という人物については、結局のところ未詳である。諸説について劉宝楠《りゅうほうなん》が逐一論述している。諸資料は出つくしており、この人物の実体を調べるのは困難である。

さて、安井息軒は「牢曰く」という書き方に注目する。『論語』において門人のことを記すときは、必ず字《あざな》（成人式後に使う名）を書き、名（実名）を書かない。その字も、五十歳になれば、字に伯・仲・叔・季の文字を付ける（たとえば仲尼・季路）。また二十歳になれば字を付けるが伯・仲・叔・季の文字は付けない。そういう意味では、この文での「牢」は字でなくてはならないが、しかし、文から言って牢は名であって字でないとする。『論語』の編輯者《へんしゅうしゃ》が名で書かれていた原文をそのまま改めないで取り入れ、字に書きかえないまま残ったとする。

この、本名のままという特異な「牢曰く」という言い方を根拠に、荻生徂徠は、『論語』前半十篇をこの牢の編輯であろうと推測している。眼光紙背に徹してはいるが、いささか速断すぎる。

四 子《し》曰《いわ》く、位《くらい》無《な》きを患《うれ》えず。立《た》つ所以《ゆえん》を患う。己《おのれ》を知《し》る莫《な》きを患えず。知る可《べ》きを為《な》さんことを求む。

子曰、不レ患レ無レ位。患三所二以立一。不レ患三莫二己知一。求レ為レ可レ知也。

（里仁《りじん》篇四―一四）

【現代語訳】

老先生の教え。己の活躍する地位がないといって歎かない。己が世に出るだけの理由〔や資格の有無〕を反省する。己〔の力量や才識〕を知る人がいないといって歎かない。〔逆に、あの人は優れた人物であると〕こちらが知るべきことをなすようでありたい。


【参考】

『論語』の冒頭、学而篇一―一「学びて……」（五七ページ）を開いていただきたい。その中の「人 知らずして慍《いか》らず」すなわち、他者に自分の価値が認められない口惜しさ――それは孔子の生涯における苦しみであった。しかし、それを乗り越えてゆく孔子の在りかたは人間の本質に触れている。この文の「〔他者が〕己を知る莫きを患えず」と共通する。

*五十沢二郎訳「酬《むく》いられない事を気にすることは無い。自己の真価に気をつけなくてはならない。認められない事を恥じることは無い。認められても恥ずかしくない事をしなければならない」。

五　子《し》川上《せんじょう》に在《あ》り。曰《いわ》く、逝《ゆ》く者《もの》は斯《かく》の如《ごと》きか。昼夜《ちゅうや》を舎《お》かず、と。

子在㆓川上㆒。曰、逝者如㆑斯夫。不㆑舎㆓昼夜㆒。（子罕篇九―一七）

【現代語訳】

老先生は、ある川の上《ほとり》にお立ちになり、こうおっしゃられた。「流れゆく水はこのように激しいものか。昼夜《ひるよる》を分《わ》かたず流れやまない」と。

【参考】

この水流に対して、消極的解釈（時間の経過が速く、無常感に浸《ひた》るとする説）と積極的解釈（水のエネルギーに感嘆したとする説）との相反する解釈がある。後者の解釈（小川環樹《おがわたまき》の説）を取る。

六 車《くるま》に升《のぼ》るには、必《かなら》ず正《ただ》しく立《た》ちて綏《すい》を執《と》る。車中《しやちゆう》には、内《うち》から顧《かえり》みず。疾《はや》く言《ものい》わず。親《みずか》らは指《ゆびさ》さず。

升レ車、必正立執レ綏。車中、不二内顧一。不二疾言一。不二親指一。

（郷党篇《きょうとうへん》一〇―二〇）

【現代語訳】

老先生は、車に乗られるとき、必ず身体をまっすぐにされ、綏《ひきなわ》を取って上《のぼ》られる。車の中では、〔前は軛《くびき》（その車を引く馬の首に掛《か》ける横木で、綏とつながる）のあたり、横は車のあたりぐらいまでを御覧になるくらいであり、〕きょろきょろとあちこち外を見まわすようなことはされなかったし、早口でおっしゃられることもなかったし、みずから人や物を指すようなこともされなかった。

【参考】

テキストによって大きな相違がある。「車中不二内顧一」と「不」字があるのは、『古論』の場合である。しかし、『魯論』では「車中内顧」と「不」字がない。「内顧」とは、車外をきょろきょろと見ず、前は衡《こう》・軏《はん》（馬と車をつなぐもの）まで、横は車の囲いまでの範囲あたりを見る意味。

七　斉《さい》すれば必《かなら》ず食《し》を変《か》え、居《きょ》は必ず坐《ざ》を遷《うつ》す。食《し》は精《せい》を厭《きわ》めず、膾《かい》は細《さい》を厭めず。食の饐《い》して餲《あい》し、魚《うお》の餒《たい》したるや肉《にく》の敗《やぶ》れたるは食《く》らわず。色《いろ》の悪《あ》しきは食らわず。臭《にお》いの悪しきは食らわず。飪《じん》を失《うしな》いたるは食らわず。時《とき》ならざるは食らわず。割《さ》くこと正《ただ》しからざれば、食らわず。其《そ》の醤《しょう》を得《え》ざれば食らわず。肉　多《おお》しと雖《いえど》も、食気《しき》に勝《か》た使《し》めず。唯《ただ》酒《さけ》は量《りょう》無《な》けれども、乱《らん》に及《およ》ばず。沽酒《こしゅ》・市脯《しほ》は食らわず。薑《きょう》を撤《てつ》せずして食らうも、多く

斉必変レ食、居必遷レ坐。食不レ厭レ精、膾不レ厭レ細。食饐而餲、魚餒而肉敗不レ食。色悪不レ食。臭悪不レ食。失レ飪不レ食。不レ時不レ食。割不レ正、不レ食。不レ得二其醤一不レ食。肉雖レ多、不レ使レ勝二食気一。唯酒無レ量、不レ及レ乱。沽酒市脯不レ食。不レ撤レ薑食、不二多食一。祭二於公一、不レ宿レ肉。祭肉不レ出二三日一。出二三日一、不レ

は食らわず。公《こう》に祭《まつ》れば、肉を宿《とど》めず。祭肉《さいにく》は三日《みっか》を出《い》ださず。三日を出《い》だせば、之《これ》を食らわず。食らうとき語《かた》らず。寝ぬるに言《い》わず。蔬食《そし》・菜羹《さいこう》・瓜《か》と雖も、祭《まつ》れば必ず斉如《さいじょ》たり。

食レ之。食不レ語。寝不レ言。雖二蔬食菜羹瓜一、祭必斉如也。

（郷党篇一〇―六）

【現代語訳】

〔斉《ものいみ》（斎）のときの先生の食生活の記録は、次のようだ。祭の前に〕斉《ものいみ》して心身を浄《きよ》めるとき、〔葷《くさきもの》を食べたりする〕常食を必ず改め、常の居室も変え別室に移る。主食の穀類はそれほど精白でなくてもかまわないし、膾《なます》はそれほど細かくきざんだものでなくてもかまわなかった。飯が暑さで饐《す》えて味の悪くなったもの、魚肉の傷んだもの、獣肉の腐ったものは食べない。〔腐らないまでも〕色の変わったものは食べない。臭《にお》いの悪いものは食べない。〔煮《に》えすぎたり、生煮《なまに》えのような〕ころあいに煮ていないものは食べない。季節（旬《しゅん》）の物以外は食べない。料理法（包丁の入れかた）の異なったものは食べない。適切な醤《つゆ》がないと食べない。肉は多くあっても、食べすぎたりはしない。酒は一定の分量を決めてはいなかったものの、適当にして、乱酔はしない。市販の酒や乾肉《ほしにく》はのどを通さない。〔自家製のものを用いた。〕生薑《しょうが》は〔辛《から》いけれども臭いはしないので、斉《ものいみ》では禁じる葷《くさきもの》に当たらないので、また毒消しの効果もあるので〕膳から下げさせないで食べるが、多くは食べない。公廟すなわち国君の祖廟（御霊屋《みたまや》）における祭祀があり、その供物のお下《さ》がりをいただいたとき、帰宅後、祭肉はただちにいただいて翌日にもちこさない。〔家廟における〕祭祀の供物となった肉は、三日以内に食べる。三日を越えると〔腐敗する可能性があるので〕食べない。食べているときは会話をしない。寝るときは黙って眠りにつく。粗末な〔穀物の〕飯、野菜だけの汁物《しるもの》、瓜《うり》といったものでも、それを供物として祭るときは、厳《おご》そかに敬《うやま》う。

【参考】

中井履軒は、経験に基づく実感から解釈するところがある。「魚餒而肉敗不レ食……」について、こう述べる。「海魚は死して日を経るとも、なお食らうべし。河池の魚のごときは、すでに死せし者にして、多く食らうに中《あた》らず（合格しない）。いわんや〔新〕鮮ならず気の歉《すくな》き者をや。この〔文中の〕魚は必ずこれ河池〔の魚〕ならん。海魚にあらず」と。孔子はその一生において、海辺に行ったことはなかったと考えられるので、履軒が孔子の食べた魚の実体を河魚、池魚と考えたのは当を得ている。孔子の「桴《ふ》（いかだ）に乗りて海に浮かばん」（『論語』公冶長《こうやちよう》篇五―七）ということばは、空想上のことばにすぎない。

八　子曰《しいわ》く、疏食《そし》を飯《く》らい、水《みず》を飲《の》み、肱《ひじ》を曲《ま》げて之《これ》を枕《まくら》とす。楽《たの》しみ亦其《またそ》の中《なか》に在《あ》り。不《ふ》

子曰、飯二疏食一、飲レ水、曲レ肱而枕レ之。楽亦在二其中一矣。不義而

義《ぎ》にして富《と》み且《か》つ貴《たっと》きは、我《われ》に於《お》いては浮雲《ふうん》の如《ごと》し。

富且貴、於レ我如二浮雲一。（述而《じゅつじ》篇七―一五）

【現代語訳】

老先生の教え。粗食であり飲むものは水、肱《ひじ》を曲げて枕として寝る。そのような質素な生活の中に、楽しみがある。不当なことをして得るような財産や高位は、私にとっては雲のようになんの関係もない。

【参考】

中国人の自然観がどのようなものであったか、これは重要なテーマである。浮雲は①つまらないもの、②関わりのないもの、③自分の所有ではないもの、④はかない、つかのまのもの、というふうな否定的な比喩《ひゆ》として挙げられている。『論語』のここには、大空に浮かぶ雲という美しい詩的なイメージは少なくとも見られない。浮雲が詩的イメージを持つのは、後世のことである。

九　子《し》曰《いわ》く、賢《けん》なるかな回《かい》や、一簞《いったん》の食《し》、一瓢《いっぴょう》の飲《いん》、陋巷《ろうこう》に在《あ》り。人《ひと》は其《そ》の憂《うれ》いに堪《た》えず。回や其の楽《たの》しみを改《あらた》めず。賢なるかな回や。

子曰、賢哉回也、一簞食、一瓢飲、在二陋巷一。人不レ堪二其憂一。回也不レ改二其楽一。賢哉回也。

（雍也《ようや》篇六—一一）

【現代語訳】

老先生の評価。聡明である、顔回《がんかい》は。その食物はわずか、飲みものもわずか、そして貧乏な裏町暮らし。ふつうの人ならとてもその辛《つら》さに堪《た》えられない。ところが、顔回は、そこにある楽しみを改めない。〔その楽しみを知るとは〕聡明だな、顔回よ。

【参考】

原憲《げんけん》と並んで、隠者的生活を好んだ顔淵（顔回）の場合、一つの推測として、その出身階層は、あるいは原儒ではなかったかと考える。原儒の大半は、社会において寄生的生活をしていた。墓地の供物や、死体とともに埋葬した品物などを収入としていたという話（『荘《そう》子《じ》』外物篇《がいぶつ》）もあるくらいで、生活は貧しかった。顔淵の生活は、あるいはその残影であったのではなかろうか。孔子の母親の姓は顔氏であるが、それとの関係はよく分からない。推測が許されるならば、母の一族の一人かもしれない。もしそうであったならば、顔淵に対する孔子の愛情は、血縁者に対する特別な感情もあったと言えよう。なお、「陋巷」を地名とする諸橋轍次《もろはしてつじ》説がある。

一〇　子曰《しいわ》く、憤《ふん》せずんば啓《ひら》かず。悱《ひ》せざれば発《おこ》

子曰、不レ憤不レ啓。不レ悱不レ発。

さず。一隅《いちぐう》を挙《あ》げて、三隅《さんぐう》を以《もっ》て反《はん》せずんば、則《すなわ》ち復《ふたた》びせず。

挙㆓一隅㆒、不㆘以㆓三隅㆒反㆖、則不㆑復也。（述而篇七−八）

【現代語訳】

老先生の教え。〔弟子が、〕心に求めるものがあってもまだそれがはっきりしないときは、それをこうだと示してやらない。求めるものが分かっても表現できないときは、それをこうだと引き起こしてやらない。一部（一隅）を示してやって、それで全体（その他の三隅と合わせて四隅）をつかもうとしないときは、それ（一隅）を二度と教えることをしない。

【参考】

これは教育の本質論である。教えられる側が受身であっては、真の教育にならない。あくまでも、教えられる側の主体的な、いわゆる〈やる気〉があって初めて真の教育が可能である。〈やる気〉の「憤・悱」があって初めて教える側は「啓・発」に成功する。

孔子の生涯のほとんどは教師生活であった。孔子は教えることが好きであった。「人に誨《おし》えて倦《う》まざれば」（『論語』述而篇七−三三）。また同じ質問であっても、相手によってその解答を変えている老練な教師であった。しかも厳しい眼も備えている。「中人《ちゅうじん》以上」（一一四ページ）でなければ、教えてもだめだと、教育の限界をちゃんと心得ている。

今日の大部分の学校生活と異なり、共同生活を送っていた孔子のころ、教育は技術教育だけではなくて、全人的な人間教育であった。孔子は五十代前半の数年を除いては、民間であまりぱっとしない生活を送っていた。にもかかわらず弟子が集まり、教育を受けにきた。もちろん、孔子学団は、単なる学校社会ではなくて、それ自身が政治的性格を有していた。行政家（官僚）の供給源でもあり、求人を待ついわゆる就職斡旋機関でもあった。しかし、単なるそういう功利的な点だけで弟子が集まったとは思えない。孔子が教師として、非常に優れていたことが、やはり大きな理由である。その一面を示しているのがこの文の教育本質論である。

二　子曰《しいわ》く、之《これ》を如何《いかん》せん、之を如何せんと曰《い》わざる者《もの》には、吾《われ》之を如何ともする末《な》きのみ。

子曰、不レ曰二如レ之何、如レ之何一者、吾末二如レ之何一也已矣。
（衛霊公篇《えいれいこうへん》一五－一六）

【現代語訳】
老先生の教え。〔自分の側《がわ》から〕どのようにすればよいでしょうか、どのようにすれば、と問うてこない者に対しては、私とても、どのようにもすることができない。

【参考】
第五章一一七ページの「切に問う……」（子張篇《しちょうへん》）と本章二一五ページの「憤せずんば

……」（述而篇七―八）の、学ぼうとする必死の姿と併せて理解したい。

＊五十沢二郎訳「どうしたらいいか、どうしたらいいかと自ら苦しまない者は、どうしてやることもできない」。

三　子《し》子貢《しこう》に謂《い》いて曰《いわ》く、女《なんじ》と回《かい》と孰《いず》れか愈《まさ》れる、と。対《こた》えて曰く、賜《し》や何《なん》ぞ敢《あ》えて回を望《のぞ》まん。回や、一《いち》を聞《き》いて以《もっ》て十《じゅう》を知《し》る。賜や、一を聞いて以て二《に》を知るのみ、と。子《し》曰く、如《し》かざるなり。吾《われ》と女と如かざるなり、と。

子謂二子貢一曰、女与レ回也孰愈。対曰、賜也何敢望レ回。回也、聞レ一以知レ十。賜也、聞レ一以知レ二。子曰、弗レ如也。吾与レ女弗レ如也。（公冶長篇五―九）

【現代語訳】老先生が子貢《しこう》に向かってこうおっしゃった。「君《きみ》は、回（同門の顔回《がんかい》）君と比べてどうかね」と。子貢は申し上げた。「私（賜。子貢の名）ごときが、どうして回君と比べることなど望みましょうか。回君は、一を聞けば十が分かります。私などは一を聞いて二を知るくらいのものです」と。老先生はつぶやかれた。「及ばぬな。私も君も、〔顔回には〕かなわない」と。

【参考】

すなおに読めば、顔淵と子貢との能力の差についての議論のようにみえるが、別の角度からの解釈も可能である。すなわち、一の次に二を知るというのは、知的理解であるが、一の次に十を知るというのは、直観的理解である。孔子は子貢を「知者」とし、顔淵を「仁者」としていると私は考える。人々の知性においては、一の次に二、二の次に三……というふうにしていって、十に至ることができる可能性がある。これがふつうである。しかし、一の次に、因果律的論理を超えて、十に至るのは、知性と異なった別のはたらきに由《よ》るものであり、これは知的訓練によってなしとげられるものではなくて、天賦のものということであろう。

三　子《し》曰《いわ》く、由《ゆう》よ、女《なんじ》に之《これ》を知《し》るを誨《おし》えんか。之を知るは之を知ると為《な》し、知らざるは知らずと為す、是《こ》れ知るなり。

子曰、由、誨二女知レ之乎。知レ之為レ知レ之、不レ知為レ不レ知、是知也。

（為政篇二―一七）

【現代語訳】

老先生の講義。由《ゆう》（仲由《ちゅうゆう》。子路《しろ》の名）君よ、君に〈知る〉とは何か、教えよう。知っていることは知っているとし、知らないことは知らないとする。それが真に〈知る〉ということなのだ。

【参考】

よくソクラテスの「無知の知」と対比される文である。ただし、孔子は「本当にまったく知らなかった」経験をもとにしている、と考えることもできる。

一四 子《し》曰《いわ》く、之《これ》を知《し》る者《もの》は、之を好《この》む者に如《し》かず。之を好む者は、之を楽《たの》しむ者に如かず。

子曰、知㆑之者、不㆑如㆓好㆑之者㆒。好㆑之者、不㆑如㆓楽㆑之者㆒。

（雍也篇六―二〇）

【現代語訳】

老先生の教え。道理を理解できただけでは、道理を実践することに及ばない。また、道理の実践ができただけでは、道理の境地にあることに及ばない。

＊五十沢二郎訳「理知よりも尊いのは愛である。が、愛よりも更に尊いものが、信仰である」。

一五 哀公問《あいこうと》えらく、弟子《ていし》孰《たれ》をか学《がく》を好《この》むと為《な》す、と。孔子《こうし》対《こた》えて曰《いわ》く、顔回《がんかい》なる者有《ものあ》り。学を好めり。怒《いか》りを遷《うつ》さず、過《あやま》ちを弐《ふたた》びせ

哀公問、弟子孰為㆑好㆑学。孔子対曰、有㆓顔回者㆒。好㆑学。不㆑遷㆑怒、不㆑弐㆑過。不幸短命死矣。

ず。不幸《ふこう》短命《たんめい》にして死《し》せり。今《いま》や則《すなわ》ち亡《な》し。未《いま》だ学を好む者を聞《き》かざるなり、と。

今也則亡。未㆑聞㆓好㆑学者㆒也。

（雍也篇六―三）

【現代語訳】

国君の哀公《あいこう》が老先生に下問された。「弟子の中で、修養に努める人物としては、誰と思っているか」と。老先生はお答え申し上げた。「顔回《がんかい》という者がそれに当たりましょう、修養に努めておりました。〔己を鍛《きた》え〕八つ当たりなどせず、また同じ過《あやま》ちをくりかえすこともありませんでした。しかし、不幸にして早く世を去りました。今はもうこの世におりませぬ。以来、修養を積むこと一心の者を存じませぬ」と。

【参考】

顔淵の死は、晩年の孔子に衝撃を与え、死を実感せしめた重要な事件である。この文は、顔淵の死の直後ではなくて、やや日を置いてからの回想的雰囲気《ふんいき》を感じさせる。「過ちをくりかえさない」ということの意味は、同じ誤りのくりかえしをしないというのが普通の解釈（古注・新注とも）であるが、皇侃《おうがん》『論語義疏』の「およそ情として過ちあれば必ず文《かざ》る（言いわけをする）。これ再び過ちするなり」という解釈もある。

一六　伯牛《はくぎゅう》疾《やまい》有《あ》り。子《し》之《これ》を問《と》う。牖《まど》自《よ》り其《そ》の手《て》

伯牛有㆑疾。子問㆑之。自㆑牖執㆓

を執《と》りて曰《いわ》く、之《これ》ぞ亡《な》からん。命《めい》なるかな。斯《こ》の人《ひと》にして、斯の疾有り。斯の人にして、斯の疾有り、と。

其手一曰、亡レ之。命矣夫。斯人也、而有二斯疾一也。斯人也、而有二斯疾一也。（雍也篇六―一〇）

【現代語訳】

弟子の伯牛《はくぎゅう》（冉耕《ぜんこう》の字《あざな》）が重い病気となった。老先生は見舞いに行かれた。〔しかし、今日と異なり、当時は不治とされていたハンセン病に罹《かか》って進行しており、伯牛は人に会おうとしなかったため、〕老先生は病室の窓から〔手を差し入れ〕伯牛の手を握っておっしゃられた。「こんなことがあってよいものか。運命だ。この人が、この疾《やまい》に罹るとは。この人が、この疾に罹るとは」と。

【参考】

孔子学団は、今日の学校生活と異なり、共同生活を営んでいた。それは学校生活と言うよりも、一つの党派的集団合宿生活であった。だから、師の孔子と弟子たちとの結びつきの本質は、人間関係としての結びつきであった。すなわち、疑似家族的共同体であった。もちろんそれは、なにも孔子学団だけの現象ではなく、他の学団も同じことであった。

こうした共同体である以上、師が弟子に対して、自然と父親のような立場にあった。この伯牛の場合、〈悪疾〉ありとされた彼の手を孔子が握り、見舞ってこのことばを発した場面は、『論語』中、孔子が顔淵の死を悼むときと並んで、最も劇的である（二〇四～二〇五ページ参照）。

第十一章　愛と死と孝と

仏教の死生観

仏教は苦を人間の宿命とする。仏教としては、苦とは、無常《むじょう》ということである。無常とは、文字どおり「常《つね》無《な》し」すなわち「永遠に変わらないもの（常）、そのようなものはこの世には無い」ということだ。それを苦としたのが仏教である。

これは厳しいことばである。人はだれでも永遠を望む。楽しい時間を過ごしているとき、この楽しい時間がずっと続いてほしいと思う。時よ、停《と》まれ、と言いたい。しかしそれは叶《かな》わぬことである。時は絶対に停止することがない。時々《じじ》刻々《こくこく》と移ろいゆく。

われわれは、一日前どころか、一時間前いや一秒前でも、もはやもどることはできないのである。そのようにして進みゆく〈時〉は、確実に毎秒の進度とともに、われわれを死に導いているのである。すなわち生きていること自体が、実はそのまま死出の旅なのである。

生きてあること自体が絶えず変化し、死への接近を意味するこの矛盾。それを形で現すようになるのが、老《おい》であり病《やまい》であり、そして死である。生《しょう》・老《ろう》・病《びょう》・死《し》――すべてこれは常無きもの、無常であり、つまりは苦である。

現世とはこうした苦の世界であるとするものの、仏教はたとい死ぬとも四十九日を経て再び生まれてくることができるとした。ただし、あくまでも苦の世界への再来であるから再び生・老・病・死の苦の一生を経て、また生まれる。そのことを繰《く》りかえす。

もっとも、来世《らいせ》、再び人間に生まれてくることができる保証はない。それは生前の行為の善し悪しに由《よ》るとする。死後、六つのコースすなわち六道《ろくどう》があるとし、生前の行為の善し悪しによってどのコースになるかが決まる。人間は、六道すなわち六ランクの内、上から二番目のクラス。最低の六番目だと地獄である。だから、生きているとき、来世のことがあるから、道徳的であれと教える。

このように六道のどこへ行くかは分からぬものの、ともあれ死後の世界が示され、死んでは生まれ、生まれては死ぬという、ちょうど車の〈輪《わ》〉が〈廻《まわ》〉るように生死を繰りかえし、〈生《せい》〉命を〈転《ころ》〉がしてゆくような世界、すなわち無限の〈輪廻転生《りんねてんしょう》〉の世界でのたうちまわることとなる。

ただし、覚《さと》りを得た者は、輪廻転生という苦の連続から解《と》き放《はな》たれ脱する、すなわち解脱《げだつ》して〈仏《ほとけ》〉となることができるとする。その実例が釈尊《しゃくそん》である。

仏教のこのような死生観に対して、東北アジア（中国・朝鮮・ベトナム北部そして日本）の人々は抵抗した。なぜなら、輪廻転生とは異なる死生観をすでに持っていたからである。それは儒教の死生観であった。いや、儒教において表現されたと言うべきであろう。

そこで、儒教とインド仏教とが、激しく対立したのではあったが、仏教は、中国で生きのびてゆくためには結局は儒教の死生観を取り入れざるをえず、インド仏教の死生観と儒教の死生観とを融合する形で、中国仏教が成立する。この中国仏教から日本仏教へとその形が受け継がれていった。つまり、日本仏教はインド仏教とは別の宗教なのである。

儒教の死生観

では、儒教の死生観とはどういうものなのか。

精神と肉体とは融合しているが、精神を支配するものを魂《こん》、肉体を支配するものを魄《はく》とする。この魂・魄が合一融合しているとき、生きている。

死を迎えると、魂魄《こんぱく》は分離し、魂は天上へ、魄は地下へとゆく。魂の「云」は、竜が空にいて、その尾がすこし現れた形で、「雨」冠《かんむり》をつけて「雲」となる。すなわち、空に浮かぶ雲が魂のイメージである。一方、地下と言っても、人間が掘ることのできる程度のものであるが、そこへ魄が行く。肉体は死を迎えると腐敗し、ついには白骨となる。この白骨の「白」が魄のイメージである。この「白」の原形は、白骨化した頭蓋骨を表している。

その状態から言えば、雲はそのまま空中に浮遊しているが、魄の場合、白骨をそのままにしておくと犬や狐が骨を銜《くわ》えてどこかへ持ってゆくかもしれないので、そうならないように管理するようになる。それが墓である。

キリスト教など一神教系宗教では、最後の審判に合格して天国へ昇ることが認められたとき、魂《たましい》は肉体に乗ってゆくので、墓はそのときまで肉体を置いておくためのものである。

さて、天上にある魂、地下にある魄、というのが死の状態であるのならば、魂・魄を呼び寄せて合体させれば、論理上、生の世界に帰ってくることができるはずである。

そこで呼び寄せる。ある植物を焚《た》いて煙が天へ昇ると、この煙に乗って魂が降《くだ》ってくる。招魂《しょうこん》である。また、地下に向かって酒をまくと、その香《かお》りに乗って魄が復《かえ》ってくる。復魄《ふくはく》である。もちろん、この両行為は遺族が担当する。

では、どこへ帰ってくるのか。魂魄が憑《よ》りつく場所・物が作られる。儒教の場合、木主《ぼくしゅ》（あるいは神主《しんしゅ》とも）を作る。後に四角形の台に木の板を差しこむのが一般的となる。この木主の板の表面に、亡き人を表す一定のことばを書く。

儒と仏の融合

これでお分かりであろう。儒教のこの方式を中国仏教が取り入れ、煙を昇らせることが焼《しょう》香《こう》に、木主はいわゆる位牌《いはい》になる。ただし、仏教では飲酒は禁じられているし、またさすがに骨を拝むことは仏教者としてはできない。だから、中国仏教から展開した日本仏教では、僧侶は招魂はするが、復魄は家族に任せている。神道《しんとう》も同様で、招魂としての降神、そして儀式終了時の昇神はあるが、復魄は家族に任せている。だから、日本仏教では、日本人は仏壇の前での儀式によって祖先を招魂し、展墓《てんぼ》（墓参）において祖先を復魄するという分離方式となっている。

次に、ではいつ招魂復魄するのかということになる。

儒教は、その亡くなった日を重視する。いわゆる命日《めいにち》である。そこで、亡くなって一年目がまず重要となる。しかし、月日が経《た》つというのは、死者が祖先になってゆく〈めでたい〉過程であるので、一年目の命日を「小祥《しょうしょう》」（小さな祥《おめでた》）と称する。そして二年目の命日は、祖先となる〈大きな祥《おめでた》〉であるので、大祥《たいしょう》と称する。

なお儒教では、死を遠ざけるということで、実際に亡くなった日の一日前を観念的な命日とする。だから、観念的命日から数えて満二年目の実際の命日までは、満二年間プラス一日となる。このたった一日でも数え年という数えかたに依れば一年となるので、満二年間プラス一日は、三年になる。月数で言えば二十五ヵ月。そこでそれを「三年之喪《のそう》」と称し、大祥と言う。以後、命日に祖先祭祀《さいし》の儀礼を行なう。ただし四代（亡き父母・亡祖父母・亡曾祖父母・亡高祖父母）までの命日である。また、始祖はともに常に祭り、今（当代）の五代以前はすべて始祖と合祀《ごうし》する。

このような考えかたが日本仏教において生きている。すなわち小祥が一周忌、大祥が三回忌、実際に亡くなった日を祥月命日《しょうつきめいにち》と称して。また儒教の祖先祭祀を日本仏教は先祖供養《せんぞくよう》と言う。

喪礼と葬儀と

さて、もう一つ重要な儀礼がある。葬儀である。

人間が他の動物と決定的に異なる点は、自分の仲間（家族・友人・知人など）の死体を処理することである。

インド仏教では、精神は輪廻転生《りんねてんしょう》してゆくが、次に生まれるときは何になるか分からないので死体には意味がなくなる。そのため、焼いて捨てる。焼かれた骨灰は、母なる川のインダス川に投ぜられる。当然、墓はないし、先祖供養もない。最近、お調子者で無学な知識人が〈散骨《さんこつ》〉などということを主張しているが、なんのことはない、インド仏教（すべてのインド宗教も）方式のことである。

しかし儒教は、精神の招魂《しょうこん》だけではなくて、肉体の復魄《ふくはく》も行なうから、死体を捨てたりせず、埋めて墓を建てる。その以前に、一定の規則に基づく葬儀をきちんと行なうのである。

なお、元来、死体を埋めて平地にしたものが墓であり、上に土丘を造ったものが墳《ふん》である。もちろん、墳は有力者が造り、庶民は墓である。その墳丘が後に石塔となり、庶民もさらに後に石塔を建て、墓とした。いわば、今日の墓は平地から疑似墳丘（石塔）に昇格したものである。古代中世の庶民において石塔がなかったのは当たりまえのことである。

話をもどすと、今日で言う「葬儀」は、正しくは〈喪礼《そうれい》〉である。死体を土に葬《ほう》むる

〈葬〉のは、喪礼中の一つの儀式であるから、全体を覆って〈葬儀・葬礼〉と称するのは実は正しくない。「冠婚葬祭」ではなくて「冠婚喪祭」と表現すべきなのである。「婚」も古典的には「昏」と記す。昏《たそがれ》――夕方の〈陰〉が進みゆくのとともに、〈陰〉である女性がそこに溶《と》けこみつつ輿入《こしい》れしてくるのであるから。

この葬儀もまた日本仏教の中に取り入れられ、日本人にとって重要な意味を持つ。にもかかわらず、日本仏教界の一部の者は、己《おのれ》が僧侶であるにもかかわらず、「葬式仏教は本来の仏教ではない」などと公言している。

愚《おろ》かな話である。儒教的死生観を取り入れた日本仏教はインド仏教とは別の宗教であることが分かっていないから、そのように公言するのである。

それなら公言どおり、お前の寺は、直ぐに葬儀・建墓・先祖供養の三者をすべて廃止してインド仏教となれ。その結果は明らかである。寺の経済は成り立たず、路頭《ろとう》に迷うことであろう。もちろん、そのときは、インド仏教どおり、乞食《こつじき》の生活をすることだ。そういうことになっても仏教者として生きてゆくというような、根性も覚悟も見識も勇気もないくせに、自嘲《じちょう》・自虐的に「葬式仏教」と大口を叩くな。偽善以外のなにものでもない。

葬式仏教――そのとおりである。日本人が宗教に求めるものの一つはそれである。それのどこがいけないのか。日本人が宗教的に求めるものに対して応えることができない宗教など滅ぶだけのことである。日本仏教が今もなお生き続けているのは、日本人が宗教的に求めるものにこれまで日本仏教が応えてきたからである。葬儀・建墓・先祖供養と。そのことに日本仏教者はもっと自信を持て。

つまりは、儒教的死生観は日本人の原宗教意識の反映であるということだ。あえて言えば、東北アジア地域に共通する原宗教意識を、いち早く見透し、掬《すく》いあげ、文字で表現し、体系化したのが儒教であった。だから、儒教が日本に伝来したとき、そのころの日本人たちは、自分たちの意識をきちんと反映し表現していた儒教をすっと受け容《い》れることができたのである。そのころの日本人たちの宗教は、原神道《げんしんとう》とも言うべきものであった。その原神道が、儒教を栄養分として吸収し、神道へと展開していったのである。

区別された愛――別愛

さて、儒教の死生観のうち、これまで〈死〉について述べてきた。当然、この〈死〉と表裏をなす〈生〉とは何かということになる。

われわれは生きてあるとき、多くの人と触れ合い、知り合ってゆく。しかし、親しい人というのは、それほど多くない。家族を入れて二十人前後というところであろう。

儒教は、その親しい二十人前後の人を愛せよ、と言う。キリスト教の神は、万人を愛し給《たも》うとのことである。儒教にはそういう普遍的・抽象的な愛はない。あくまでも、個別的・具体的愛があるのみである。それは、有《あ》り体《てい》に言えば、自分の好きな人を愛しなさい、ということに尽きる。好かぬ奴《やつ》は愛する必要はない、ということであって分かりやすい。これを他と区別された愛、〈別愛《べつあい》〉と私は名づけている。

では、好きな人とはだれか。幼少時をモデルにするとよく分かるが、幼児が好きな人とは父母である。襁褓（おむつ・おしめ）がとれる二、三歳までは、父母の献身的な無償の世話になる。この父母を愛することを最高度として、そのあと、自分との関係が遠くなるのに比例して愛が減ってゆく。そして家族・親族を愛してその後に、家族・親族外の人々へと愛を広げてゆけ、とするのである。

逆に、愛と対極的な悲しみについてもまた同じ構造となる。すなわち悲しみの最高度とは、親の死とする。以下、自分との関係が遠くなってゆくのに比例して悲しみが減ってゆくとする。

ここである、死と生とがつながるのは。すなわち、死の悲しみの極致とは、生きてあるときの愛の極致と一致する。その一致点に親が存在する。

愛と死と孝と

そこで、葬儀においては、親の葬儀を最も厳粛に行なうのであり、祖先祭祀《さいし》においては最も鄭重《ていちょう》に行なうことになる。

儒教はこう述べる。親の〔延《ひ》いては祖先の〕祭祀を行なうことを、孝《こう》の一つとする。もちろん、子の親に対する愛も孝である。

さらにいま一つある。だれが祭祀を行なうかと言えば、子孫一族である。ここに儒教は大きな理論を出してくる。「身《み》は父母の遺体なり」（『礼記《らいき》』祭義篇《さいぎ》）とする考えかたである。「遺体」とは、「遺《のこ》した体」という意味である。ちょうど、「遺言《ゆいごん》（いごん）」が「遺した言《ことば》」という意味であるように。当然、親の身体は祖父母の遺体である。というふうに、過去をいくらでも遡《さかのぼ》ることができる。それは、偶然にも、今日の生物学が述べるような、DNA（遺伝子）が個体に乗り換え乗り換えしながら生命の情報を伝えてゆくのと同じ考えである。すなわち子孫一族とは〈生命の連続〉ということである。この子孫一族が増えることも孝の一つとする。

これらを整理するとこうなる。①祖先祭祀（過去）をきちんとすること、②子が親に愛情（現在）を尽くすこと、③子孫一族（未来）が増えること、この三者を併せて、〈孝〉としたのである。子が親に対して愛情を尽くすことだけが孝であると思うのは、儒教が言う孝の部分的理解でしかないのである。

この①・②・③を併せたもの、すなわち孝とは、〈生命の連続の自覚〉ということである。と述べた瞬間、死と生とがつながることがお分かりであろう。そしてそこに一貫しているものこそ、儒教的な〈別愛〉なのである。〈愛〉と〈死〉と〈孝〉とは、そのようにして重層しているのである。

このように、儒教が柱とする孝とは、死を背景とする宗教性を有するものである。ところが、孝は同時にさまざまな道徳の源である家族道徳の基本でもある。だから、孝を基本としてその上に、さまざまな複合道徳が重なってゆく。つまり、道徳性を有していることは言うまでもない。

孝とは、宗教性と道徳性との両方があるがゆえに、東北アジアの思想として揺るがぬ地位を保ち続けてきたのである。

今日、孝は死語のように見えるが、けっしてそうではない。祖先祭祀（慰霊）は、東北アジアの人々の原宗教意識であり、その原点に立ち返って孝を捉えるとき、〈生命の連続の自覚〉は可能である。

❖　❖　❖

一　孟武伯《もうぶはく》孝《こう》を問《と》う。子《し》曰《いわ》く、父母《ふぼ》には唯《ただ》其《そ》の疾《やまい》を之《こ》れ憂《うれ》えよ。

孟武伯問レ孝。子曰、父母唯其疾之憂。（為政《いせい》篇二—六）

【現代語訳】

孟武《もうぶ》殿が〔老先生に〕孝の意味を質問したところ、老先生はこうお答えになられた。「父母に対して、病気ではあるまいか〔と健康状態を〕ただただ心配することだ」と。

【参考】

この文は、解釈がいろいろと分かれるところである。後漢時代の王充《おうじゅう》らの解釈は異説的になっているが、日本では伊藤仁斎『論語古義』が王充らとほぼ同じ立場に立っている。すなわち「父母すでに老ゆれば、則《すなわ》ち侍養《じよう》の日すでに少なし。いわんや一旦病に染むれば、則ち孝をなさんと欲すれども、得べからず。故に父母の疾をもって憂いとなす」と。これは解釈として最もすなおで明快である。

二　子曰《しいわ》く、父母《ふぼ》の年《とし》、知《し》らざる可《べ》からず。一《ある》いは則《すなわ》ち以《もっ》て喜《よろこ》び、一《ある》いは則ち以て懼《おそ》る。

子曰、父母之年、不レ可レ不レ知也。
一則以喜、一則以懼。
（里仁《りじん》篇四―二一）

【現代語訳】

老先生の教え。〔子は自分の〕父母の年齢は、覚えていなくてはならない。〔年齢を数えると〕ああ、長命だなと喜べる。あるいは、老いたなと気遣うこととなる。

【参考】

従来、「知」の意味についての検討が少なかったが、朱子になって初めて、「記憶」と解釈された。安井息軒『論語集説』などの反対意見（「知」を「識」とする）もあるが、大半は、朱子のような立場を取っている。

三 季路《きろ》 鬼神《きしん》に事《つか》うるを問《と》う。子《し》曰《いわ》く、未《いま》だ人《ひと》に事うる能《あた》わずんば、焉《いずく》んぞ能《よ》く鬼《き》に事えん、と。曰く、敢《あ》えて死《し》を問う、と。曰く、未だ生《せい》を知《し》らずんば、焉んぞ死を知らんや、と。

季路問レ事二鬼神一。子曰、未レ能レ
事レ人、焉能事レ鬼。曰、敢問レ
死。曰、未レ知レ生、焉知レ死。
（先進《せんしん》篇一一－一二）

【現代語訳】
季路《きろ》（子路《しろ》）が鬼神を祭ることについて質問したことがあった。老先生はこう教えられた。「もしまだ人（在世の親）にお事《つか》えすることがちゃんとできないでいるならば、どうして鬼（死没の親。「神《しん》」は霊妙なもの）にお事えすることができようか」と。すると子路は踏み込んで、「では死とは何でしょうか」とおたずねした。老先生はこうおっしゃられた。「もしまだ在世の親（生）の意味・意義についてちゃんと理解できないでいるならば、どうして御霊《みたま》（死）の意味・意義についてきちんと理解することができようか」と。

【参考】
㈠『論語』全体から、重要な文を挙げるとしたとき、この一文は五指に屈する中の一つであろう。と言うのは、一般に、儒教の概念規定として、儒教は死を論じない、儒教は合理的なものである、儒教は宗教でないなどと言われているが、そうした、儒教の規定の根本となっている文だからである。

ふつう、この一文は、孔子は死を論じなかった、死に関心がなかったということを表していると解釈されており、ほとんど定論となっている。

これに対して、私は徹底的に否定する。何よりも先に、儒教という場合、そこに歴史性を考えるべきである。すなわち、①孔子以前の原儒、②孔子に始まり前漢代の前半に至るまでの儒教、③前漢代の後半以降、辛亥《しんがい》革命（皇帝制から共和制に革命）までの経学《けいがく》、という三種に分けるべきである。もちろん、③については、さらに区分が必要であるが、今はそれについては触れない。政治制度的に換言すれば、①地方分権的諸侯の連合による王制、②その解体期、③中央集権的皇帝制の三時期に並行するものとして考えるべきである。

歴史的・社会的に換言すれば、①共同体社会、②共同体のほかに成長しつつあった法的社会の存在、③法的社会支配下の、共同体の緩やかな長期的解体、の三形態であるが、それぞれに対応する①原儒、②儒教、③経学として考えるべきである。

(二)　さて、この原儒→儒教→経学という流れの中で、表面的には宗教性がしだいに稀薄となってゆき、前記の③経学期の中でも、宋代以後にそれが顕著となってゆく。しかし、経学期においても、前漢末から唐代に至るまでは、経学に対して宗教性の濃い緯学が深く関わっていたのであるから、社会的にはほぼ宗教性を喪失した形となってゆく宋代という時代以降は、儒の長い歴史から言えば、実は最近のことにすぎない。ただ、宋代の影響を引きずって今日に至っているため、宋代に完成されてゆく、いわゆる〈儒教の合理性〉が、そのまま受けつがれてきているにすぎない。〈儒教は合理的である〉という場合の、その「儒教」の概念は、ほとんど宋代における合理的経学のことである。こうした概念を、そのまま孔子時代の儒教にあてはめることは基本的に誤っている。孔子の時代においては、政治、社会、制度、文化、天文、慣習、思考などなど、至るところ、宗教に関わっていないものはない。

さらに言えば、②・③においても一族（中国では宗族《そうぞく》と言う）における〈祖先を祭祀する〉宗教性は脈々として続いて今日に至っている。

また、宗教の概念においても、後代と異なっている。たとえば三世紀以降に流入してきた仏教における絶対者の観念（キリスト教における神の観念などはその最たるものである）を孔子の時代に求めることも誤っている。

古く、人間はこの生の世界と死の世界とは行き来できるものと思っており、生の世界と死の世界とを繋《つな》ぐ者、すなわち宗教者の存在の意味は大きかった。孔子の時代もそうである。こうした古い時代の宗教とは、死の世界について語るものであり、死の世界の説明者であった。そこに一般の人々はすがって〈死の恐怖〉を逃れようとしたのである。

孔子の時代もその例にもれない。原儒を基盤として登場してきた孔子たちは、シャーマン

（巫覡《ふげき》）としての行為（魂振《たまふ》り・魂下《たまお》ろし・招魂儀礼）をとおし、死者の魂を現世に呼びもどす再生理論によって、死の説明をしていたのである。その大きな背後には、アジアにおけるアニミズム文化がある。これは中近東から欧米にかけての〈絶対神の文化〉（キリスト教文化・イスラム文化など）と鋭く対立する。

以上のような大きな歴史的背景のもとに、この文（二三六ページ）を読むべきである。

㈢　従来の『論語』解釈では、「未知生、焉知死」を「未《いま》だ生を知らず、焉《いずく》んぞ死を知らんや」と読み、「〈生〉のことが分かっていない。どうして〈死〉のことが分かろうか」と解釈してきた。すなわち、「〈生〉のことさえ分かっていないのに、まして〈死〉のことは分からない」の意とし、孔子は〈死に関心はなく、死について論じてこなかった〉、孔子や儒教は、死の問題とは関わりがないとしてきた。それがいわゆる通説である。

私は、次のように考える。この文では、初めに「鬼神（霊魂）」に仕える方法を問い、その次に死について問うている。すなわち、この両者は連関している。すると、「人」と「鬼神」と、そして「生」と「死」と、という対比は、突きつめて言えば「人・生」と「鬼神・死」と、という対比であると考える。

さて、鬼神となることは、死を意味する。そこで、この「人」とは親に対してはばかった言いかたであって、実は「親」のことであると解する。

つまり、生・死についてという一般的な意味ではなくて、在世の親（人）に対してちゃんと仕えることができなくて、鬼神となった親に対して、どうしてお仕えすることができようか。在世の親（生）に対してちゃんとお仕えできない者が、どうしてその御霊《みたま》（死）にお仕えできようか、という具体的な意味であると考える。

つまり、死の問題を避け、死の問題を論じないどころか、鬼神・死に対して積極的に接していこうという態度なのである。いわゆる「〔親の生・死・鬼神という三つの場合において親の〕生けるときは之《これ》に事《つか》うるに礼を以てし、死せるときは之を葬むるに礼を以てし、〔鬼神には〕之を祭るに礼を以てす」（二四四ページ）である。

孔子は、死に対して積極的関心を有していた人物である。その系譜の先をさらにたどれば、孔子の出身階層である原儒、シャーマン（神と交流し、そのことばを告げたり、死者の霊を降ろしたりすることができる宗教者）としての原儒のところに行きあたる。この原儒こそ、シャーマンという、生と死とをつなぐ役目を仕事としていた階層なのである。

孔子の時代の儒教、ならびに孔子については、死との関わりにおいて位置づけてこそ、始めて歴史的生命を有する。

四 子《し》曰《いわ》く、父《ちち》在《いま》せば其《そ》の志《こころざし》を観《み》よ。父没《ぼっ》すれば其の行《おこ》ないを観よ。三年《さんねん》父の道《みち》を改《あらた》むる無《な》くんば、孝《こう》と謂《い》う可《べ》し。

子曰、父在観㆓其志㆒。父没観㆓其行㆒。三年無㆑改㆓於父之道㆒、可㆑謂㆑孝矣。（学而《がくじ》篇一―一一）

【現代語訳】

老先生の教え。父親が在世のときは、父のめざすところを見るのがいい。父親が亡くなれば、父の行ないを見るのがいい。三年の喪《も》が明《あ》けるまで、父が定めた家のありかた（道）はそのままにしておくというのであるならば、孝子《こうし》と言うことができる。

【参考】

インド仏教にはないのに、日本仏教においては年忌《ねんき》法要が行なわれているが、それは儒教の考えを取りいれたものである。形式上の命日を真の命日の前日として数えるので、一周忌は祥月命日《しょうつきめいにち》からちょうど二年目にあたり（満一年プラス一日）、三回忌は満二年プラス一日目（すなわち数えで三年目にはいる）に行なう。これは儒教における三年之《の》喪《そう》（ふつう二十五カ月とする）の考えに基づいている。

五　曾子《そうし》曰《いわ》く、終《お》わりを慎《つつし》み遠《とお》きを追《お》えば、民《たみ》の徳《とく》厚《あつ》きに帰《き》す。

曾子曰、慎レ終追レ遠、民徳帰レ厚矣。

（学而篇一―九）

【現代語訳】

曾《そう》先生の教え。人々が父母の喪《も》においても、祖先の祭祀においても、まごころを尽くすのであれば、その道徳心はすぐれたものになる。

【参考】

人間の生活の場は共同体にある。共同体は血縁・地縁などによって結ばれたもので、おたがいを結んでいるものは、理屈ではなくて感情である。そこでは、熱い感情の融和が求められる。だから、共同体の指導者は、自らの行動を示すことによって、しぜんと他者を感化・風化・教化・文化することが必要となる。祖先の葬祭は共同体における最も重要な行為である。

六　祭《まつ》れば在《いま》すが如《ごと》し。神〻《かみがみ》を祭れば神〻在すが如し。子《し》曰《いわ》く、吾《われ》祭りに与《あずか》らざれば、祭らざるが如し、と。

祭如レ在。祭レ神如二神在一。子曰、吾不レ与レ祭、如レ不レ祭。

（八佾《はちいつ》篇三―一二）

【現代語訳】

老先生は、祖先の祭祀のとき、祖先がそこにおられるとして、神々の祭祀のときには、百《ひゃく》神《しん》がその場におられるとして、まごころを尽くされた。そして、こうおっしゃられたことがあった。「〔なにかの用事で不在だったり病気だったりして〕祭祀に参列できなかったとき、〔祭祀は無事に終了したものの〕なんだか祖先や神々に申しわけなかった気がしてならない」と。

【参考】

孔子は内実を重んじた人間である。この文は、祭祀においてもそれを求めたことを表す一文である。職業的祭祀者の場合、祭祀は収入を得るための方法であるから、すべての祭祀について誠心誠意をもって行なうことをしない。ごく少数の本物を除いて、多くの宗教者がそのなすべき宗教的行為を単に職業的に日常的になしているのは、古今東西変わらない。孔子はそうした形式的宗教行為を否定している。

七　子《し》は怪力《かいりき》・乱神《らんしん》を語《かた》らず。

子不レ語二怪力乱神一。

（述而《じゅつじ》篇七―二〇）


【現代語訳】

老先生は、怪力や乱神（怪しげな超常現象。オカルト）についてはお話しにならなかった。


【参考】

この文を引き、孔子は超自然的なことがらに対する興味がなかったとし、また「特に宋以後の儒学が、みずからの立場として、無神論を主張する場合に、いつも引用される言葉である」（吉川幸次郎『論語』上巻、朝日新聞社、昭和三十四年）というのが一般的である。

この短い七文字が、中国における無神論史に大きな影響を与えたことは驚きに価する。しかし、このたった七文字による影響だけではない。従来の『論語』解釈では、「未《いま》だ生を知らず、焉《いずく》んぞ死を知らんや」（二三九ページ）と読み、それを始めとするところの、「孔子は死を論じなかった、孔子は宗教に関心がなかった」という説の根拠とすることばとセットになって、孔子の非宗教的立場というものができあがっていったのである。

しかし、それはまさに後世において作られた孔子像である。実像としての孔子が、どのように宗教的人間であったかは、たとえば、白川静《しらかわしずか》『孔子伝』、あるいは拙著『孔子——時を越えて新しく』がそのイメージを作りだしている。

＊五十沢二郎訳「人間の力に及ばない事や、人間の知慧の及ばない事について思議すべきではない」。

八　孟懿子《もういし》孝《こう》を問《と》う。子曰《しいわ》く、違《たが》うこと無《な》かれ、と。樊遅《はんち》御《ぎょ》す。子之《これ》に告《つ》げて曰く、孟《もう》孫《そん》孝を我《われ》に問う。我対《こた》えて曰く、違うこと無かれ、と。樊遅曰く、何《なん》の謂《い》いぞや、と。子曰く、生《い》けるときは之に事《つか》うるに礼《れい》を以《もっ》てし、死《し》せるときは之を葬《ほう》むるに礼を以てし、之を祭《まつ》るに礼を以てす、と。

孟懿子問レ孝。子曰、無レ違。樊遅御。子告レ之曰、孟孫問二孝於我一。我対曰、無レ違。樊遅曰、何謂也。子曰、生事レ之以レ礼、死葬レ之以レ礼、祭レ之以レ礼。

（為政篇二―五）

【現代語訳】

孟懿《もうい》殿が老先生に孝の意味を問うたことがあった。そのお答えは「違《たが》わないようになされよ」であった。老先生の馬車は弟子の樊遅《はんち》が御者《ぎよしや》をしていた。老先生は樊遅に、しかとお話しなされた。「孟孫（孟懿）殿が私に孝についておたずねになられたので、申し上げた〈違《たが》うこと無かれ〉」と。樊遅が「どういう意味でしょうか」と質問すると、老先生はこう説明された。「父母がお元気なときは、もちろん礼に従ってお仕えし、お亡くなりになれば、礼に従って葬むり、また礼を守って、祖先となられた御霊をお祭りすることである」と。

【参考】

共同体の基本単位は家族である。現代の核家族は夫婦の関係が中心であるが、それは西欧の個人主義をまねてからのものにすぎない。それ以前においては、親と子との関係が中心であった。

だから、子の親に対する道徳、すなわち孝が重視されたのは当然である。しかし、その孝の意味が明確になってゆくのは、孔子学団によるものと考える。

孔子学団では、生前の親に対するだけではなくて、死のとき、さらにはその後の祭りを子孫がきちんと行なうことも同じく孝であることを言う。もちろん、この考えは古くからのものであるが、孔子らがそれを生命の連続として意識的に取りあげ、生命論にまで高めていったところに思想史的に大きな意義がある。この文の主張はその典型である。

九　子游《しゆう》孝《こう》を問《と》う。子《し》曰《いわ》く、今《いま》の孝は、是《こ》れ能《よ》く養《やしな》うを謂《い》う。犬馬《けんば》に至《いた》るも、皆《みな》能く養う有《あ》り。敬《けい》せずんば、何《なに》を以《もっ》て別《わか》たんや、と。

子游問㆑孝。子曰、今之孝者、是謂㆓能養㆒。至㆓於犬馬㆒、皆能有㆑養。不㆑敬、何以別乎。（為政篇二―七）

【現代語訳】

門人の子游《しゆう》が〔老先生に〕孝の意味をおたずねしたところ、老先生はこうお答えなされた。「近ごろの孝は、親をただ食《く》わせているだけだ。人間は犬や馬に対してだって食わせているわな。〔それだけなら同じことではないか。〕父母に対して尊敬するということがなければ、どこで区別できようか」と。

【参考】

孔子は行動において常に内実を求めていた人間であった。同じく孝においても内実を求めた。

孝の外形的な行動は、比較的には行ないやすい。けれども、そこに精神性を裏打ちするという内実化は非常に困難なことである。しかし、その内実化を図らねば、単なる形式的な孝にすぎないとしていた。その主張がこの章においては行なわれている。

10　有子《ゆうし》曰《いわ》く、其《そ》の人《ひと》と為《な》りや孝弟《こうてい》にして、上《かみ》を犯《おか》すを好《この》む者《もの》は鮮《すく》なし。上を犯すを好まずして、乱《らん》を作《な》すを好む者は、未《いま》だ之《こ》れ有《あ》らざるなり。君子《くんし》は本《もと》を務《つと》む。本立《た》ちて道生《みちしょう》ず。孝弟は其《そ》れ仁《じん》の本為《た》るか。

有子曰、其為㆑人也孝弟、而好㆑犯㆑上者鮮矣。不㆑好㆑犯㆑上、而好㆑作㆑乱者、未㆓之有㆒也。君子務㆑本。本立而道生。孝弟也者其為㆓仁之本㆒與。（学而篇一―二）

【現代語訳】

有先生《ゆう》の教え。その人柄が、父母に尽くし兄など年長者を敬うような場合、反逆を好むというような人間は少ない。反逆を好まない人柄であって、にもかかわらず反乱をしたがるというようなことは、絶対にない。教養人は、〈人間としての根本〉の修養に努力する。なぜなら、根本が確立すると、生きかた（道）が分かるからだ。父母に尽くし目上を敬うこと、すなわち〈孝弟〉が、〈仁〉すなわち人間愛という生きかたの根本なのだ。

【参考】

この文の最大問題点は「孝弟也者其為㆓仁之本㆒與」の「為」についての解釈である。すでに現代語訳に記すように、おそらく「孝弟為仁之本」という文の原意は「孝弟は、仁の本《もと》である」という意味であり、「為」字は、「……である」という繋辞《けいじ》（たとえば英語の be 動詞）である。

しかし、朱子は「為」字を「行」すなわち行為を表す動詞（たとえば英語の動詞 do）として、「孝弟は、仁を為《おこな》うの本《もと》だ」と解釈している。弟子《でし》が孝弟の実践から始めて、最後に仁の境地に至れるのかとたずねたのに対して、朱子はそれを否定して、次のように述べる。「仁を行なうは、孝弟より始まる。孝弟はこれ仁の一事なり」と。朱子は、仁は性（本質）であり、孝弟は用（現象・はたらき）であるとする。性（仁・義・礼・智）の一つである仁の現れとして、たとえば孝弟があるとする。

とすると、朱子は、もちろん孝弟（悌）を重視するのではあるが、あくまでも「仁の一事」ということであり、〔おそらくは原意の〕「仁の本」という古注の立場と比べて、孝弟の地位が低くなっている。

朱子に対立した王陽明も、この条については朱子と同じ解釈をしている。しかし日本陽明学者の一人、大塩中斎《おおしおちゅうさい》（平八郎）は、『孝経《こうきょう》』が言うように「孝は徳の本なり」と、むしろ古注的解釈に近い解釈を採っている（『儒門空虚聚語《しゅうご》』付録「答郡山藩臣藤川晴貞」など）のみならず、朱子とは逆に、孝が仁をも統括するとさえ言う。詳しくは、拙著『日本思想史研究』「朱子学の孝と日本陽明学の孝と」（研文出版）参照。

二　葉公《しょうこう》孔子《こうし》に語《つ》げて曰《いわ》く、吾《わ》が党《とう》に直躬《ちょっきゅう》なる者有《ものあ》り。其《そ》の父《ちち》羊《ひつじ》を攘《ぬす》みて、子《こ》之《これ》を証《しょう》せ

葉公語二孔子一曰、吾党有二直躬者一。其父攘レ羊、而子証レ之。孔

り、と。孔子曰く、吾が党の直《ちょく》なる者は、是《これ》に異《こと》なり。父は子《こ》の為《ため》に隠《かく》し、子は父の為に隠す。直は其の中《なか》に在《あ》り、と。

子曰、吾党之直者、異㆓於是㆒。父為㆑子隠、子為㆑父隠。直在㆓其中㆒矣。　（子路《しろ》篇一三―一八）

【現代語訳】

葉《しょう》殿は孔先生にこう弁じられた。「私の郷里の中に、それはもうまっすぐな者がおりましての。父親が羊を盗みましたとき、その子が父が盗んだに相違ありませぬと証言しましたわい」と。孔先生はおっしゃられた。「吾が郷里のまっすぐな者は、それと違いまする。〔仮に盗みがあったとしますと〕父は子の悪事を隠し、子は父の悪事を隠します。〈まっすぐ〉（直）の真の意味はそこに在ります」と。

【参考】

この文は、『論語』中、屈指の重要な文章である。話自体は父の盗みという単純なものであるが、単純であるだけに、その処置のしかたに時代の様相がよく反映されている。すなわち、この文に拠《よ》れば、葉公は法的処置を取ろうとしており、孔子は共同体的処置を取ろうとしているからである。

法的処置とは、父子の血縁的関係よりも、国家と国民との法的関係を重視することである。葉公が、父の盗みを、子が法的立場に立って証言することを正しいとするのはそのためである。

これに反して、血縁・地縁によって構成される共同体では、もちろん、掟《おきて》は存在するが、その運営は、そのときそのときの事情によって変化する。たとい殺人事件であっても、事情によっては刑が大幅に許されることがあるし、たとい軽い窃盗であっても重く罰せられるときもある。

法的社会が罪刑法定主義的であるのに反して、共同体では事情による裁量幅が大きいということであろう。だから、もし父が盗みをしたとき、法的社会では、窃盗という罪に対して子が証言するのは正しい。しかし、親を尊ばねばならない共同体においては、子が親の罪を証言するということ自体が正しいとされないのである。

孔子は、共同体主義者であり、法的社会に対して敵対的でさえある。儒家思想は、共同体を基盤とするということもその大きな原因である。

第十二章　孔子の生涯とその時代と

吾《われ》十有五《じゅうゆうご》にして学に志す。三十にして立つ――有名なことばである。四十にして惑《まど》わず。五十にして天命を知る――さらに有名なことばである。孔子は続けてこう述べる。――六十にして耳順《みみしたが》う。七十にして心の欲する所に従いて矩《のり》を踰《こ》えず、と。

孔子の生涯と言えば、右のことばに尽きる（二〇五～二〇六ページ）。これらのことばの中に、孔子の万感の思いがこもっている。喜びも悲しみも、怒りも嘆きも、すべてこれらのことばにこもっているのである。

この孔子の本格的伝記を最初に書いた人物は、漢代の司馬遷である。『史記』孔子世家がそれである。しかし、後世、多くの人々から批判を受けることとなる。と言うのは、その叙述において、歴史的事実として合わないところが発見されていったからである。

その批判の中には正当なものがある。たとえば中国人ならば、崔適《さいてき》の『史記探源』（一九一〇年）や、たとえば日本人なら、渡辺卓《わたなべたかし》の『古代中国思想の研究』（創文社、昭和四十八年）の見解には傾聴すべきものが多い。もちろん、この両者は一例にすぎず、『史記』孔子世家に対して膨大な批判や考証が存在する。

たとえば、孔子の生年一つを取りあげても、『史記』の紀元前五五一年（魯《ろ》国の君主、襄《じょう》公《こう》二十二年）説に対して、『春秋公羊伝《くようでん》』『春秋穀梁伝《こくりょうでん》』の紀元前五五二年説とに分かれる。

その没年の場合も、前四七九年（哀公十六年）という点では一致するが、月日の点で四月十一日、四月十八日もしくは五月十二日と説が分かれる。こうした詳細については、たとえば蟹江《かにえ》義丸《よしまる》『孔子研究』が最もよくまとめており、すぐれている。

孔子の伝記の事実に関する問題点については、蟹江の同著がほとんどあますところなく資料を引用して論じており、資料的には、もうそれを越えることは困難なほどである。

しかし、蟹江を一つの頂点とする歴史主義的孔子伝記制作派になお一つの大きな弱点がある。それは、長い中国史において定着した聖人孔子という前提からまだ抜けだせない点である。すなわち、聖人孔子という先入観によって伝記を構成する傾向である。端的に言えば、歴史主義を標榜《ひょうぼう》しておりながら、実は、自身もいつのまにか聖人孔子伝という虚構の伝記制作に陥ってしまっているところがある。

たとえば、孔子が魯国における大廟《たいびょう》で祭祀《さいし》の下役をしたとき、その仕事について事ごとに先輩に問うた。そこで他の人が、あいつは礼の知識がないと譏《そし》った。すると孔子は、事ごとに慎重にたずねて誤りないようにするのが礼であると答えたという。そこで、この事件は孔子の慎重さ、謙虚さを表すものだと解釈するのが通説となっている。

しかし、この事件をすなおに読めば、孔子は魯国の祖先を祭った大廟の祭祀のしかたを本当に知らなかったということにすぎない。それはそうである。礼と言っても、個人儀礼的な小礼から、国家的儀礼の大礼までいろいろとある。孔子は父方から言えば農民出身であり、母方から言えば、儒《じゅ》というシャーマンの系譜の上にある。すなわち、ともに社会的身分の低い階層出身であり、シャーマンの儒が知っていた礼は個人儀礼的な小礼にすぎない。孔子には正規の師もなく、ほとんど独学で二十代となり、やっと魯国政府における祭祀関係の下役になれたのである。どうして魯国の国家儀礼的な大礼を知ってなどいようか。孔子は本当に大礼を知らなかったので、事ごとに問うたと解釈するのが自然である。

そこで、孔子は、大礼を学ぶために、周王の住む都へ留学し、ある老先生（老子）から大礼を学んだという説（『史記』孔子世家）が生まれてきたと私は考える。

このように、孔子を、聖人孔子と見ないで、一人の人間孔子として見るとき、『論語』のことばは、それまでと異なった様相を呈してくる。そしてその方が、実は本当の意味での歴史主義的伝記へ近づくと考える。

そこで、そのような眼で、本章最初に挙げた孔子一生の回顧の文を見ると、相当に異なった相貌を示す。

まず「六十耳順《じじゅん》」である。これをすなおに読むと、六十歳になるあたりまで、孔子は従順でなかった、個性が強く人の意見をあまり聞かなかったという意味に取れる。つまり、六十歳に至るまで、孔子は自己主張の強い人物であったことを自ら語っているのである。

とすると、三十にして世に立つ自信を得（而立《じりつ》）、四十にしてその気持ちは揺るがぬものとなり（不惑《ふわく》）、五十にして使命感に燃えた（知命）――実に火の玉のような精気の漲《みなぎ》ったエネルギッシュな孔子の生涯が露《あらわ》となってくる。

そういう人間孔子として、すでに私は『孔子――時を越えて新しく』という伝記を書き、また『「論語」再説』（中公文庫、平成二十一年）によってその全体像を描いた。そこで、この両著の記述に拠《よ》りつつも、新たに孔子の生涯を述べることとする。

農民出身の父とシャーマンの母と

イエス・キリストにしてもシャカにしても、その出生伝説はふつうでない。孔子の場合はどうであろうか。

イエスやシャカの場合と異なり、孔子の出生事情は暗い。孔紇《こうこつ》という姓名の父は農民であって、これはとりたてて問題でないが、母方が問題であった。

母方は、当時、古代中国社会において広く存在していたシャーマンの役をしていた儒《じゅ》集団であった。後に孔子が開く儒家《じゅか》集団と区別して、私は原儒と称することにする。

この原儒は主として喪《そう》（葬）礼の儀礼を職業とした集団のようである。すなわち古代の典型的宗教者であった。原儒は霊魂の存在を信じ、招魂儀礼をつかさどり、文字や記録を扱う当時の知識人でもあった。祭祀者であるから、農民に寄生していたことは言うまでもない。

この祈禱師《きとうし》的原儒集団の一人である顔徴在《がんちょうざい》という女性と、孔子の父とは、「野合」して孔子を生んだとされる。

この「野合」の意味は、よく分からない。決定的解釈はない。結局、常識的な解釈を下せば、正常な結婚ではなかった、すべての人から祝福される結婚ではなかったということであろうか。

しかも、孔子の幼少期（孔子のそのときの年齢は未詳）、父は亡くなってしまった。「野合」の結婚であるから、孔子の母は、おそらくは実家のもとにあって夫とは別居していたことであろう。よく分からない。

一方、亡父には、先妻との間にできた子ども、すなわち孔子にとっては異母姉が九人、異母兄が一人いて、異母兄の名は「皮《ひ》」であったと伝えられている。ただし、この伝承（『孔子家語《けご》』）がどこまで信頼できるものなのか問題ではある。しかし、伝承の核には、なにがしかの真実が託されていることがある。そういう意味で、この皮という名を見るとき、「皮」は「跛《ひ（は）》」ということ、すなわち足が不自由であったことを、かすかに伝えているように見える。

とすれば、大男であったと伝えられる健康な孔子の肩に、一家の生計という負担が重くのしかかっていたと言えよう。幼少期から青年期にかけて、農民の子、孔子は懸命に働かざるをえなかった。

脱農民、役人への願望

孔子は、後年、「吾少《われわか》きとき賤《いや》し。故《ゆえ》に鄙事《ひじ》（実務的なこと）に多能なり」（『論語』子罕《しかん》篇九―六）と述べている。そこには、生活に苦闘した若き孔子の姿がある。

しかし、一方、孔子は別居していた母のもとへ通う機会があっただろう。たとえば農閑期に。とすれば、母方の家で、原儒の祭祀儀礼を実見することが多かっただろうし、俊敏な孔子の頭脳は、原儒を通じて、文字や記録を読解する機会を得ていったことであろう。つまり、いわゆる「詩書礼楽《ししょれいがく》」ということばに象徴される古代中国社会の知識人の教養の基礎を身につけていったと考える。

すると、農民であり、かつ知識人的という形で成長しつつあったこの少年孔子の心に、確実に一つの願望が生じた。すなわち、脱農民して官僚となる道への願望である。

古代中国社会において、圧倒的大部分の人間は農民である。そしてこの農民をごく少数の士大夫《したいふ》層が領導してゆくという構造であった。この士大夫は、世襲的にその地位に就《つ》ける者以外、教養や才能によってなれる可能性があった。出身がなんであれ、上昇の機会がある。だから、野望を抱いた青年が、士大夫への道を願ったことは、けっして不自然でなかった。孔子もその一人であった。現代と異なり、かつての農業は苦しい労働である。孔子は農民であり、農業のつらさを知っており、そこから脱け出ようとした。一方、同時に農業の重要さを知っていた。孔子は、その一生を通じて農民側の感覚をも持ち続けていったのである。それは、血縁的共同体（宗族《そうぞく》）、地縁的共同体（郷党）に基づく農業経済社会を正しいとする考えであり、そうした共同体と異質な商業経済機構を批判する考えである。

農業経済は年一回の収穫という点から、節約経済となるが、商業経済は複数回数の収入であり、消費経済へと繋《つな》がる。

また、共同体は、習慣・習俗によって動いており、それを重んじる生活である。そうした習慣・習俗の固定化が、長幼の序を始めとする礼を形成し、その礼に基づく道徳を生み出してくる。当然、この道徳、つまりは礼の熟達者（長老）が共同体の指導者（その典型が聖人・聖王）となる。

共同体社会から法的社会の時代へ

一方、異なった共同体間を繋ぐ場合、各共同体の習慣・習俗だけでは十分でない。共同体間という新しい分野である。そこで、諸共同体を包括的に共通化するものとして、法という新しい観念が登場してくる。それは、諸侯の国が連合してその上に君臨した周王朝が弱体化し、力のある諸侯が諸国を統合してゆく過程でいっそう必要とされてくる。周代末の戦国時代、その強力な実践者が、西方の強国、秦《しん》であった。

もちろん、秦以外においても、法的領導を試みる国々があった。そのため、共同体の根底にある道徳と、法的社会の根底にある法とが各処でぶつかりあうこととなる。そのぶつかりあいが春秋時代において表面化しつつあった。ちょうどそのころ、孔子が生きていたのである。もともとは規範のすべてが道徳であったが、やむをえないときに刑罰を与えざるをえなかった。その刑を「法」と称していたのである。すなわち、法の観念の中心は刑であった。

孔子は、農民的であり、農業型節約経済、共同体、道徳による領導、といった意識に親近感を有していた。その意識を掬《すく》いあげ、思想として後に組みあげた結果が、儒教思想である。それに対立するものが法家思想であった。

下級役人となる

もちろん、孔子が生きていた時代と社会とは、共同体に基づく農業社会である。ふつうならば、大半の人間は農民として一生を終わる。しかし、孔子には、ふつうの農民にはないものがあった。すなわち、文字が読め、古典の知識があり、礼楽の素養があった。

これは、れっきとした技術であった。文字が読めるということだけでもたいしたことであった。その技術を買われて、二十歳を越えた孔子は、穀物倉の管理者となった。その仕事において、公平であり、出納の計算が正確であったという。さらにその後、家畜（あるいは祭祀の犠牲《ぎせい》用動物）の管理者になったという。穀物（植物）相手よりも、動物相手のほうが難しい点を考えると昇進であっただろう。

これらは村役人レベルであるが、文書を扱えたことによってその地位を得たのである。こうした村役人となれば、そのあと、地方の有力者として生き残ってゆくことができ、すでに脱農民として成功したことになる。

希望を抱いて周都へ留学

しかし、孔子の欲望はそこに安住することを許さなかった。村役人ではなくて、祖国である魯《ろ》国の中央政庁入りを願ったのである。

どういう伝手《つて》かはっきりしないが、孔子は、二十代後半、中央政庁の礼楽関係の下役になったらしい。けれども、前述したように孔子は国家儀礼のような大礼の素養に乏しかった。祈禱的な個人儀礼のような小礼の素養しかなかった。それはそうである。孔子の母方の原儒は、所詮《しょせん》、片田舎のシャーマンにすぎなかったからである。

明敏な孔子は、勉学をしなおすため、周王の都へ留学に行った。そして老先生に附《つ》いて礼を学び帰国することとなる。「三十にして立つ」。そのとき、老先生は、お前は我を出しすぎる、謙虚であれ、と注意している。孔子は、いわゆる〈目立ちたがり〉であった。

仕官の道なく開塾へ

しかし、帰国しても、孔子は登用されなかった。もちろん、礼楽の下役クラスのポストならあっただろう。しかし、帰国後の孔子が求めたのは、そういう技術職ではなくて、行政担当者、延《ひ》いては政治家（為政者）という、一段と広い活躍ができるポストであった。けれどもなかなかその地位は得られなかった。

その大きな理由は、当時の魯国（孔子の祖国）の事情にあった。魯国には、国君の下に、季孫氏・孟孫氏・叔孫《しゅくそん》氏という、その祖先は国君と血縁つづきの三権門があった。三桓《さんかん》と言う。この三桓（とりわけ季孫氏が強力）が、魯国の実権を握っており、国君はロボットのようなものであった。

ところが、その三桓も、それぞれその執事（家老）に実権を握られていた。季孫氏（季氏）の場合、陽虎《ようこ》という家老である。この陽虎が季孫氏の当主を動かし、季孫氏の当主が魯国の国君を動かすという構図であった。

だから、孔子が魯国の中央政庁に進出しようと思えば、結局は陽虎の意向が重大となる。ところが、孔子は陽虎に対して屈辱の思いがあった。というのはこういうわけである。孔子がまだ十七歳のころ、季孫氏が人材登用のため「士を饗《もてな》す」ことを行なったことがあった。つまり、求人したわけである。これに応じて、無名の孔子が訪れた。田舎の少年が、おずおずと訪れたことであろう。そのとき、陽虎が「お前のような小僧の出る幕でないわ」と罵《ののし》って追い返したのである。

後になって、陽虎は、有力な知識人集団を率いていた孔子を迎え入れようと謀《はか》ることがあったが、そのときを除いて、陽虎と孔子とはずっと敵対的関係にあった（白川静《しらかわしずか》の説）。

やむをえず、孔子は出国し、隣国の斉《せい》国で職を得ようとしたこともあったが失敗し、再び帰国する。三十代の話である。そして帰国後、どうやら魯国の国都で学校を開き、弟子を養成し、儒教徒集団を作り、一つの勢力として揺るがぬ地位を得ていったようである。以来、四十代後半ごろまでの生活ははっきりしないが、いわゆる孔子学派の内部充実の時期であった。それに、斉国での就職は失敗したとはいうものの、斉国の国君とは面談したほどであり、孔子の名はすでに高まっていた。その余勢を駆っての開塾である。「四十にして惑わず」とは、このころの心境を言う。

魯国の政争、三桓と陽虎と

一方、祖国である魯国の政界では重大事件が起こっていた。まず第一事件は、孔子が斉国在住中のころであり関わりはなかったのであるが、魯国の国君の昭公が三桓から権力を奪い返そうとして、軍勢を率いて三桓を突如襲撃した。しかし、いわば三桓の連合勢力に敗れて亡命したことがあった。この不幸な国君は亡命先で客死する。孔子四十二歳のころである。

さて、その後、孔子が四十九歳のころ、また大事件が起こる。三桓それぞれの家の不満分子が連合し、三桓の当主それぞれを失脚させようというクーデターである。その総帥が陽虎であった。どうもこのときに陽虎が孔子を迎え入れようとしたらしいが、結局、孔子は行かなかった。

この陽虎のクーデターは失敗し、陽虎は亡命するが、その残存勢力が地方の重要都市（季孫氏の所領する土地の中心地）を占拠して抵抗することとなる。

孔子の抜擢、政策の実行

国君の定公はこのタイミングをすかさず利用して孔子を抜擢《ばってき》した。すなわち直接の臣下として、重要なポストを与えた。つまり、国君は、孔子ならびに孔子学派という新興集団を抱えこむことによって、三桓を叩《たた》こうとしたのである。三桓の内、最有力の季孫氏が本拠を反乱軍に押さえられていて弱っていたところにつけこんだわけである。

孔子はやがて閣僚となり、三桓に代わって魯国の実権を握る。「五十にして天命を知る」のはこのときであった。天命とはエネルギーに満ちた使命感という意味あいが濃い。

さて実質的に首相格となった孔子は、年来の政策、すなわち節約経済、道徳重視という汎農業主義を打ち出す。しかしそれは当時の商業経済の発展をとどめる方向であり、国民に人気がなかった。節約政策が消費の魔力に勝てないのは、歴史上、何度もあったことである。

結局、孔子は失脚して魯国を去る。五十五歳。

諸国への遊説、老いての帰国

しかし、落ちぶれての出国と言うよりも、むしろ、中国においては、この年齢は政治家としてふさわしい年齢であり、孔子は意気盛んであった。これ以後、諸国を回って政策を説く。もちろん、弟子を引きつれての大がかりな就職運動であった。

けれども志を得られず、六十九歳のとき、帰国することとなる。そのころ、いろいろな意見に耳を傾けるようになったものであろう。「六十耳順」である。十数年の放浪であった。

時代は、無力化した周王朝の滅亡の方向を示しており、諸侯の多くの国々が解体して、乱世を乗り越え、中国全体として一つの国家へと統合されてゆく道をたどりつつあった。その中央集権的な統合の根幹は法であり、法によって結ばれる法的社会の到来が、近い将来において確実であった。

そういう統一国家においては、もはや従来の共同体の習俗・習慣・道徳だけでは律しきれないものが予想されてきた。事実、親が盗みを働いたとき、子どもは親の犯罪を司法機関で証言するのが正しいとする〈法の正当化〉が評価されつつあった。これに対して、孔子は共同体的発想から、子は親の盗みを隠すべきであって、その筋に証言すべきでないと考えた。そうした孔子の立場が、来たるべき法的社会になじまないものであることは言うまでもなかった。

孔子の政策がどこにおいても支持されなかったのは、こうした歴史的・社会的背景に由《よ》ることが大きい。

けれども、孔子の後、戦国時代を経て、諸侯連合体の周王朝が崩壊し、中央集権的な秦王朝が成立しても、一気に法的社会となったわけではない。依然として共同体は残っていったわけであり、とりわけ共同体意識は強固であり、中央政府の法的統一、法的管理に対して、頑強に抵抗することとなる。強力に法的統一を図ろうとした秦王朝がわずか十数年で崩壊したのは、共同体ならびに共同体意識の激しい抵抗に由る。

礼教の普遍化、内実化

けれども、時代は中央集権化の方向であり、その道をだれも阻《はば》むことはできなかった。秦王朝に続いて建国された漢王朝は、共同体との妥協を図りつつ法的社会をすこしずつ進めてゆくことになる。すなわち、なだらかに法的社会化をめざしてゆくこととなる。その思想的理論づけの役目を担《にな》ったものが、孔子の儒教の中の礼教性をさらに発展させた経学《けいがく》（中国古典学・儒教文献解釈学）という学問であった。

礼教性というのは、礼による秩序を教えることである。この礼は、小礼の場合は共同体を律することができ、大礼の場合は、共同体を包括する国家を律することができる。この礼教性は、儒教を支える大きな柱であり、この礼教性を発展させたものが、経学という、変形した儒教であった。この経学は漢代から儒教の中枢を占めることとなる。

儒教を思想としてまとめた孔子自身は挫折したのであったが、中央集権的な漢王朝時代に、共同体における儒教思想の意味が再生したわけである。以来、中国社会の中で、経学として生きのびてゆくこととなる。すなわち、儒教のいわゆる礼教性が中国社会の中で徹底化し普遍化されてゆく。

しかし、経学における礼教性の普遍化とともに知性面が肥大化し、儒教におけるもう一本の柱の感性面、すなわち宗教性は切り落とされてゆく、あるいは無言化してゆくのであるが、消滅はしないで、人々の家庭生活の中で生きのびてゆくこととなる。この宗教性とは、祖先崇拝・祖先祭祀であり、最も共同体的なものである。

その意味では、孔子の編成した儒教の二本の柱、〈知的側面の礼教性と情的側面の宗教性と〉は分裂した状態となってゆく。礼教性は経学・政治・社会の中に、宗教性は生きた実践として家庭生活の中に、と。しかし、両者は、祖先崇拝とその場所である家とによって依然として繫がってゆく。

このように、〈原儒——儒教——経学あるいは生活実践〉という歴史となって、孔子の思想が後に伝えられてゆくこととなる。それは、全中国の歴史を貫流する巨大な〈中国の精神〉であった。延いては、中国・朝鮮・ベトナム北部・日本と東北アジアに大きな影響を与えていった。

孔子自身は、その一生、挫折の連続であったが、事の本質に対する徹底的な洞察は永遠であった。すなわち、いかに時代が変わろうとも、人間は共同体を離れて生きることのできないことを見抜いており、共同体における人間の問題を思考し尽くしたのであった。

六十九歳で祖国に帰り、七十四歳、世を去るまでの最晩年、再び学校を開き、思索を続けていたころ、その思考が最も濃密であった。おそらく、その時期に儒教が理論化されていったのであろう。

おわりに

私は、これまで『論語』についていろいろと著書を発表してきた。その中で、平成十七年に、講談社の「すらすら読めるシリーズ」の一つとして、『論語』を担当・刊行した。担当編集者の仁科幸雄氏と議論を重ねたことがなつかしい。

今般、同書ならびに『鑑賞中国の古典　論語』（宇佐美一博・湯浅邦弘らと共著。角川書店）中の私の執筆部分とを合わせて、ここに、『論語のこころ』と題して刊行するに至った。ただし、単なる再録ではない。全面的に修補しており、新著と称していい一冊に編みなおしている。

本書刊行の目的の一つは、読者の方が『論語』をご自身で読み進めるだけでなく、若い世代に教え伝えてくださるためのテキストとすることにある。

今日、『論語』を読みたい、学びたい方々が相当に多くおられる。そういう方々の要求に応えることは、私のような中国古典学研究者の任務の一つである。そうであるならば、さらにいま一歩進めて、『論語』をお読みになった方に、もしできれば、お子さん、あるいはお孫さんに『論語』を教えていただけるとたいへん嬉しくありがたく思う。

れば幸いである。

もちろん、難しい話をする必要はない。『論語』のことばを分かりやすく教えていただけ
なお、私は中学生を対象にして『論語——中国古典入門』(角川ソフィア文庫)を著している。これは、中学生読者を意識して、やさしく書いている。本書と併せてお読みいただけると、より一層、『論語』が身近な古典となることであろう。

因みに、私が著した『論語』関連書は次のごとくである。

①『論語 全訳注 増補版』(講談社学術文庫)
②『「論語」を読む』(講談社現代新書・絶版)
③『「論語」再説』(中公文庫。②を改訂・増補したもの)
④『孔子画伝』(集英社・絶版)
⑤『孔子——時を越えて新しく』(集英社文庫・絶版。来年、増補して角川ソフィア文庫として刊行予定)

『論語』については、書いても書いても書ききれない想いがある。読むたびにいくつかの新発見がある。つまりは、解釈の深化である。それは、年齢を重ねることに比例しているように感じる。その意味で、『論語』と同行二人の旅は、いますこし続くことであろう。「死生、命あり」——この『論語』のことばの重みを切々と感じ来たるこのごろである。

そうした気持ちと響き合ってか、初心に帰って今秋からBSフジテレビにおいて『論語』の講義をすることとなった。人生最後の公開講義となるであろう。

編集担当の稲吉稔氏には心より感謝申しあげる。二人でいつもの爆笑の対話は楽しく、親子のような感じであった。

平成二十七年七月九日

孤剣楼　加地伸行

本書は、二〇〇五年十一月、小社刊『すらすら読める論語』に大幅な加筆を施し再編集したものです。

加地伸行（かじ　のぶゆき）

1936年，大阪生まれ。京都大学文学部卒業。専攻は中国哲学史。大阪大学名誉教授。文学博士。著書に『孝研究』『中国論理学史研究』『日本思想史研究』（研文出版）『「論語」再説』『「史記」再説』『儒教とは何か』（中央公論新社）『沈黙の宗教――儒教』（筑摩書房）『論語　全訳注』『孝経　全訳注』『漢文法基礎』（講談社）などがある。

講談社学術文庫

定価はカバーに表示してあります。

論語《ろんご》のこころ

加地伸行《かじのぶゆき》

2015年９月10日　第１刷発行
2016年５月18日　第２刷発行

発行者　鈴木　哲
発行所　株式会社講談社
東京都文京区音羽 2-12-21 〒112-8001
電話　編集（03）5395-3512
販売（03）5395-4415
業務（03）5395-3615

装　幀　蟹江征治
印　刷　株式会社廣済堂
製　本　株式会社国宝社
本文データ制作　講談社デジタル製作部

ISBN978-4-06-292320-0

「講談社学術文庫」の刊行に当たって

これは、学術をポケットに入れることをモットーとして生まれた文庫である。学術は少年の心を養い、成年の心を満たす。その学術がポケットにはいる形で、万人のものになることは、生涯教育をうたう現代の理想である。

こうした考え方は、学術を巨大な城のように見る世間の常識に反するかもしれない。また、一部の人たちからは、学術の権威をおとすものと非難されるかもしれない。しかし、それはいずれも学術の新しい在り方を解しないものといわざるをえない。

学術は、まず魔術への挑戦から始まった。やがて、いわゆる常識をつぎつぎに改めていった。学術の権威は、幾百年、幾千年にわたる、苦しい戦いの成果である。こうしてきずきあげられた城が、一見して近づきがたいものにうつるのは、そのためである。しかし、学術の権威を、その形の上だけで判断してはならない。その生成のあとをかえりみれば、その根は常に人々の生活の中にあった。学術が大きな力たりうるのはそのためであって、生活をはなれた学術は、どこにもない。

開かれた社会といわれる現代にとって、これはまったく自明である。生活と学術との間に、もし距離があるとすれば、何をおいてもこれを埋めねばならない。もしこの距離が形の上の迷信からきているとすれば、その迷信をうち破らねばならぬ。

学術文庫は、内外の迷信を打破し、学術のために新しい天地をひらく意図をもって生まれた。文庫という小さい形と、学術という壮大な城とが、完全に両立するためには、なおいくらかの時を必要とするであろう。しかし、学術をポケットにした社会が、人間の生活にとってより豊かな社会であることは、たしかである。そうした社会の実現のために、文庫の世界に新しいジャンルを加えることができれば幸いである。

一九七六年六月

野間省一